신의 성품에 참예하는 자

신의 성품에 참예하는 자

초판발행 | 2010년 4월 10일

지은이 | 허철

펴낸이 | 허철
편집 | 송혜숙
디자인 | 오순영
인쇄소 | 서정인쇄

펴낸곳 | 도서출판 순전한 나드
등록번호 | 제313-2003-00162
주소 | 서울 서초구 양재동 289-4 다모빌딩 3층
도서문의 | 02) 574-6702 / 010-6214-9129
편집실 | 02) 574-9702
팩스 | 02) 574-9704
홈페이지 | www.purenard.co.kr

ISBN 978-89-6237-062-1   03230

신의 성품에 참예하는 자

신의 성품에 참예하는 여덟 단계

허 철 지음

목 차

서 문 　　　　　　　　　　　5

제1장 믿 음 　　　　　　　　9
제2장 덕 　　　　　　　　　27
제3장 지 식 　　　　　　　　39
제4장 절 제 　　　　　　　　49
제5장 인 내 　　　　　　　　65
제6장 경 건 　　　　　　　　81
제7장 형 제 우 애 　　　　　　97
제8장 사 랑 　　　　　　　　117

서 문

. 매일 성경을 읽어나가던 어느 날 베드로후서 1장을 읽다가 눈에 떠나지 않고 묵상된 말씀이 있었습니다. 그것은 바로 "신의 성품에 참여하는 자"였습니다. 저는 "신의 성품에 참여하는 자"가 되는 것이 무엇인지 더 관심을 두고 계속 묵상하다가 이 제목으로 주일 설교를 매주일 하기로 결심을 하고 팔 주 동안 주일 낮에 말씀을 전하게 되었습니다.

예수 그리스도의 종과 사도인 시몬 베드로는 우리 하나님과 구주 예수 그리스도의 의를 힘입어 동일하게 보배로운 믿음을 우리와 같이 받은 자들에게 편지하노니 하나님과 우리 주 예수를 앎으로 은혜와 평강이 너희에게 더욱 많을지어다 그의 신기한 능력으로 생명과 경건에 속한 모든 것을 우리에게 주셨으니 이는 자기의 영광과 덕으로써 우리를 부르신 자를 앎으로 말미암음이라 이로써 그 보배롭고 지극히 큰 약속을 우리에게 주사 이 약속으로 말미암아 너희로 정욕을 인하여 세상에서 썩어질 것을 피하여 신의 성품에 참여하는 자가 되게 하려 하셨으니 이러므로 너희가 더욱 힘써 너희 믿음에 덕

> 을 덕에 지식을 지식에 절제를 절제에 인내를 인내에 경건을 경건에 형제 우애를 형제 우애에 사랑을 공급하라 이런 것이 너희에게 있어 흡족한즉 너희로 우리 주 예수 그리스도를 알기에 게으르지 않고 열매 없는 자가 되지 않게 하려니와 이런 것이 없는 자는 소경이라 원시치 못하고 그의 옛 죄를 깨끗케 하심을 잊었느니라 그러므로 형제들아 더욱 힘써 너희 부르심과 택하심을 굳게 하라 너희가 이것을 행한즉 언제든지 실족지 아니하리라 이같이 하면 우리 주 곧 구주 예수 그리스도의 영원한 나라에 들어감을 넉넉히 너희에게 주시리라(벧후 1:1-11)

이 본문(벧후 1:1-11)은 요한 웨슬레(John Wesley)가 1738년 5월 24일 성경을 읽고 놀라운 영적 체험을 한 구절입니다. 인간은 원래 하나님의 형상대로 지음 받아 하나님과 교제하며 살도록 되어 있었으나 죄로 인하여 교제가 단절되고 타락으로 인하여 우리에게 있던 하나님의 모습도 가려지고 말았습니다. 그런데 예수 그리스도의 대속의 피를 믿고 구원의 약속을 받은 성도들은 다시 이 신적 교제에 참여하는 자가 됩니다. 이것이 구원이요, 천국의 상태입니다. 그러나 우리는 이 약속에만 머물러 있을 것이 아니라 성결을 위한 영적 성숙의 단계로 전진해가야 합니다. "그의 신기한 능력으로 생명과 경건에 속한 모든 것을 우리에게 주셨으니" 한층 깊이 하나님과 교제하기 위해 윤리 생활의 실천이 요구됩니다. 이것이 성도의 영성 생활이요, 신의 성품입니다. 그리고 신의 성품에 참여할 때 구주 예수 그리스도의 영원한 나라에 들어갈 수 있습니다. "이같이 하면 우리 주 곧 구주 예수 그리스도의 영원한 나라에 들어감을 넉넉히 너희에게 주시리라"(벧후 1:11).

신의 성품에 참여하는 자의 여덟 가지의 정연한 덕목이 순차적으로 나타나 있습니다. 믿음에서 시작하여 사랑으로 끝나는 데 주목할 필요가 있습니다. 이 신의 성품에 참여하는 여덟 가지 순서를 더 자세하게 보고 많은 은혜를 받기를 바랍니다.

2010년 3월 20일
허철

본서의 제목은 개역한글 베드로후서 1장 4절에 기초하였습니다. "이로써 그 보배롭고 지극히 큰 약속을 우리에게 주사 이 약속으로 말미암아 너희로 정욕을 인하여 세상에서 썩어질 것을 피하여 **신의 성품에 참예하는 자**가 되게 하려 하셨으니."

제1장 믿음

신의 성품에 참여하는 첫 번째는
믿음입니다

> 이러므로 너희가 더욱 힘써 너희 믿음에 덕을
> 덕에 지식을(벧후 1:5)

신의 성품에 참여하는 자는 믿음에서 출발합니다. 일반인들은 사회 윤리 규범을 기초로 생활하지만 그리스도인은 믿음을 기초로 생활하는 것입니다. 바울은 "너희가 믿음에 있는가 너희 자신을 시험하고 너희 자신을 확증하라"(고후 13:5)고 권면합니다.

믿음이란 무엇입니까? 믿음이란 어원은 영어(Faih, Belief), 헬라어는 "피스티스"(πιστις, pistis)입니다. 피스티스는 "확신, 자신감, 신뢰, 신념, 신용, 신의, 설득력, 내적 확신, 하나님을 의지함, 신뢰" 등을 지칭할 때 사용하였습니다.

1) 믿음은 한마디로 말하면 하나님을 의지함입니다

구약성경에서 하나님을 유일신으로 믿는 믿음의 본을 보인 대표적인 사람은 다니엘입니다. 다니엘은 유일신 하나님만 믿는 믿음 때문에 사자 굴속에 던짐을 받아 죽는 것을 두려워하지 않았습니다. 하나님은 이런 믿음을 소유한 다니엘의 목숨을 사자 굴속에서 건져주었습니다.

이에 총리들과 고관들이 모여 왕에게 나아가서 그에게 말하되 다리오 왕이여 만수무강 하옵소서 나라의 모든 총리와 지사와 총독과 법관과 관원이 의논하고 왕에게 한 법률을 세우며 한 금령을 정하실 것을 구하나이다 왕이여 그것은 곧 이제부터 삼십 일 동안에 누구든지 왕 외의 어떤 신에게나 사람에게 무엇을 구하면 사자 굴에 던져 넣기로 한 것이니이다 그런즉 왕이여 원하건대 금령을 세우시고 그 조서에 왕의 도장을 찍어 메대와 바사의 고치지 아니하는 규례를 따라 그것을 다시 고치지 못하게 하옵소서 하매 이에 다리오 왕이 조서에 왕의 도장을 찍어 금령을 내니라 다니엘이 이 조서에 왕의 도장이 찍힌 것을 알고도 자기 집에 돌아가서는 윗방에 올라가 예루살렘으로 향한 창문을 열고 전에 하던 대로 하루 세 번씩 무릎을 꿇고 기도하며 그의 하나님께 감사하였더라 그 무리들이 모여서 다니엘이 자기 하나님 앞에 기도하며 간구하는 것을 발견하고 이에 그들이 나아가서 왕의 금령에 관하여 왕께 아뢰되 왕이여 왕이 이미 금령에 왕의 도장을 찍어서 이제부터 삼십 일 동안에는 누구든지 왕 외의 어떤 신에게나 사람에게 구하면 사자 굴에 던져 넣기로 하지 아니하였나이까 하니 왕이 대답하여 이르되 이 일이 확실하니 메대와 바사의 고치지 못하는 규례니라 하는지라 그들이 왕 앞에서 말하여 이르되 왕이여 사로잡혀 온 유다 자손 중에 다니엘이 왕과 왕의 도장이 찍힌 금령을 존중하지 아니하고 하루 세 번씩 기도하나이다 하니 왕이 이 말을 듣고 그로 말미암아 심히 근심하여 다니엘을 구원하려 마음을 쓰며 그를 건져

내려고 힘을 다하다가 해가 질 때에 이르렀더라 그 무리들이 또 모여 왕에게로 나아와서 왕께 말하되 왕이여 메대와 바사의 규례를 아시거니와 왕께서 세우신 금령과 법도는 고치지 못할 것이니이다 하니 이에 왕이 명령하매 다니엘을 끌어다가 사자 굴에 던져 넣는지라 왕이 다니엘에게 이르되 네가 항상 섬기는 너의 하나님이 너를 구원하시리라 하니라 이에 돌을 굴려다가 굴 어귀를 막으매 왕이 그의 도장과 귀족들의 도장으로 봉하였으니 이는 다니엘에 대한 조치를 고치지 못하게 하려 함이었더라(단 6:6-17)

다니엘이 든 굴에 가까이 이르러서 슬피 소리 질러 다니엘에게 묻되 살아 계시는 하나님의 종 다니엘아 네가 항상 섬기는 네 하나님이 사자들에게서 능히 너를 구원하셨느냐 하니라 다니엘이 왕에게 아뢰되 왕이여 원하건대 왕은 만수무강 하옵소서 나의 하나님이 이미 그의 천사를 보내어 사자들의 입을 봉하셨으므로 사자들이 나를 상해하지 못하였사오니 이는 나의 무죄함이 그 앞에 명백함이오며 또 왕이여 나는 왕에게도 해를 끼치지 아니하였나이다 하더라 왕이 심히 기뻐서 명하여 다니엘을 굴에서 올리라 하매 그들이 다니엘을 굴에서 올린즉 그의 몸이 조금도 상하지 아니하였으니 이는 그가 자기의 하나님을 믿음이었더라(단 6:20-23)

2) 믿음은 예수님을 그리스도와 하나님의 아들로 인정하는 것입니다

예수께서 그리스도이심을 믿는 자마다 하나님께로서 난 자니 또한 내신 이를 사랑하는 자마다 그에게 난 자를 사랑하느니라(요일 5:1)

예수께서 하나님의 아들이심을 믿는 자가 아니면 세상을 이기는 자가 누구뇨 이는 물과 피로 임하신 자니 곧 예수 그리스도시라 물로만 아니요 물과 피로 임하셨고 증거하는 이는 성령이시니 성령은 진리니라 증거하는 이가 셋이니 성령과 물과 피라 또한 이 셋이 합하여 하나이니라 만일 우리가 사람들의 증거를 받을진대 하나님의 증거는 더욱 크도다 하나님의 증거는 이것이니 그 아들에 관하여 증거하신 것이니라 하나님의 아들을 믿는 자는 자기 안에 증거가 있고 하나님을 믿지 아니하는 자는 하나님을 거짓말하는 자로 만드나니 이는 하나님께서 그 아들에 관하여 증거하신 증거를 믿지 아니하였음이라 또 증거는 이것이니 하나님이 우리에게 영생을 주신 것과 이 생명이 그의 아들 안에 있는 그것이니라 아들이 있는 자에게는 생명이 있고 하나님의 아들이 없는 자에게는 생명이 없느니라(요일 5:5-12)

예수님을 그리스도와 하나님의 아들로 믿는 자는 하나님께로 난 자입니다. 하나님은 그에게 난 자를 사랑하십니다. 그리고 하나님의 아들 예수 그리스도를 믿는 자는 세상을 이깁니다. 하나님의 아들 안에 있는 자에게는 생명이 있습니다.

3) 믿음은 확신, 신뢰입니다

예수께서 가버나움에 들어가시니 한 백부장이 나아와 간구하여 이르되 주여 내 하인이 중풍병으로 집에 누워 몹시 괴로워하나이다 이르시되 내가 가서 고쳐 주리라 백부장이 대답하여 이르되 주여 내 집에 들어오심을 나는 감당하지 못하겠사오니 다만 말씀으로만 하옵소서 그러면 내 하인이 낫겠사옵나이다 나도 남의 수하에 있는 사람이요 내 아래에도 군사가 있으니 이더러 가라 하면 가고 저더러 오라 하면 오고 내 종더러 이것을 하라 하면 하나이다 예수께서 들으시고 놀랍게 여겨 따르는 자들에게 이르시되 내가 진실로 너희에게 이르노니 이스라엘 중 아무에게서도 이만한 믿음을 보지 못하였노라 또 너희에게 이르노니 동서로부터 많은 사람이 이르러 아브라함과 이삭과 야곱과 함께 천국에 앉으려니와 그 나라의 본 자손들은 바깥 어두운 데 쫓겨나 거기서 울며 이를 갈게 되리라 예수께서 백부장에게 이르시되 가라 네 믿은 대로 될지어다 하시니 그 즉시 하인이 나으니라(마 8:5-13)

예수님께서 로마 백부장의 믿음을 칭찬하신 이유가 있습니다. 그것은 유대인도 아니고 종교적인 전통도 없음에도 예수님께 치유의 능력이 있다는 것을 확신하고 "말씀으로만 하옵소서"라는 기도를 부탁하는 믿음을 가진 것입니다.

4) 참된 믿음은 내적 확신입니다

릭 조이너(Rick Joyner) 목사님은 '참된 믿음' 생활을 하는 것을 다음과 같이 강조하였습니다.

> 진짜 믿음이 생기는 것은 진짜 시험이 올 때입니다. 참된 믿음은 외적인 데 있지 않고 내적인 데 있습니다. 참된 믿음은 외적인 환경에 의존하지 않습니다. 참된 믿음은 절망적인 상황에 의해 변질되기보다는 오히려 그로 인해 강화됩니다. 참된 믿음은 언제나 절망의 쓴 물을 기회의 단물로 바꾸어줍니다. 참된 믿음은 언제나 가장 큰 절망 속에서 하나님이 예비하시는 보화를 발견해냅니다. 그리고 하나님을 믿는 사람들은 언제나 하나님이 예비하신 보화

를 얻게 됩니다.

이스라엘이 절망적인 시련을 맞이하여 믿음으로 반응하지 않고 불평하였기 때문에 이들은 여러 번 멸망을 경험하게 됩니다. 절망이 불평으로 끝을 맺으면, 우리의 믿음은 파괴되고 많은 것을 잃게 됩니다. 광야는 우리의 믿음을 시험하기 위한 장소로서, 여기에서의 경험을 승화시킬 수 있도록 모든 호기를 붙잡는 방법을 터득해야 합니다! 여러분의 시험을 마냥 허비하지 마십시오!

불신앙 때문에 이들은 하나님의 약속을 실제로 충분히 누려보지도 못하고 영적인 광야에서 방황을 거듭하다가 결국은 죽게 됩니다. 바울은 이 사실을 고린도교인들에게 다음과 같이 설명하였습니다.

> 형제들아 너희가 알지 못하기를 내가 원치 아니하노니 우리 조상들이 다 구름 아래 있고 바다 가운데로 지나며 모세에게 속하여 다 구름과 바다에서 세례를 받고 다 같은 신령한 식물을 먹으며 다 같은 신령한 음료를 마셨으니 이는 저희를 따르는 신령한 반석으로부터 마셨으매 그 반석은 곧 그리스도시라 그러나 저희의 다수를 하나님이 기뻐하지 아니하신고로 저희가 광야에서 멸망을 받았느니라(고전 10:1-5)

이스라엘 백성은 출애굽하였지만 믿음으로 살지 않고 불신앙으로 인하여 약속의 땅에 들어가지 못하였습니다. 히브리서 기자는 다음과 같이 경고하였습니다.

> 그러므로 성령이 이르신 바와 같이 오늘날 너희가 그의 음성을 듣거든 노하심을 격동하여 광야에서 시험하던 때와 같이 너희 마음을 강퍅케 하지 말라

> 거기서 너희 열조가 나를 시험하여 증험하고 사십 년 동안에 나의 행사를 보았느니라 그러므로 내가 이 세대를 노하여 가로되 저희가 항상 마음이 미혹되어 내 길을 알지 못하는도다 하였고 내가 노하여 맹세한 바와 같이 저희는 내 안식에 들어오지 못하리라 하셨다 하였으니 형제들아 너희가 삼가 혹 너희 중에 누가 믿지 아니하는 악심을 품고 살아 계신 하나님에게서 떨어질까 염려할 것이요 오직 오늘이라 일컫는 동안에 매일 피차 권면하여 너희 중에 누구든지 죄의 유혹으로 강퍅케 됨을 면하라(히 3:7-13)

출애굽한 첫 세대는 끊임없는 원망과 불평으로 점철된 불신앙 때문에 약속된 유업의 땅에 들어가지 못했습니다.

릭 조이너 목사님은 불신앙과 믿음, 그리고 참된 신앙과 거짓된 신앙에 대하여 다음과 같이 가르쳐주었습니다.

> 불평은 경직된 불신앙의 마음을 보여주는 확실한 징표입니다. 모든 불평은 각각 치명적으로 중요한 문제들을 야기시킬 수 있습니다. 첫째로, 불평은 우리 자신의 믿음을 파괴합니다. 그 다음으로, 불평은 우리의 말을 청종하는 사람들의 믿음까지도 파괴해버립니다. 마지막으로, 하나님의 유예라는 우리의 최종 목표 대신에, 끊임없는 원망과 불평은 하나님의 분노를 자극합니다. 믿음은 하나님을 움직입니다. 불신앙은 하나님을 자극하여 우리로 하여금 결코 구원에 이르지 못하게 합니다. 믿음은 약속의 성취에 이르는 가장 똑바른 길입니다. 불신앙의 길은 끝없이 사막을 맴돌게 합니다. 우리의 마음에 불신앙이 있으면 우리는 하나님의 약속을 성취하지 못할 것입니다. 불평은 불신앙의 언어입니다. 찬양은 믿음의 언어입니다. 광야는 주님이 우리들 가운데 그의 처소를 삼으시고 그의 백성의 찬양 가운데 거하시기로 작정하신

장소입니다(시 22:3). 하나님이 거하실 만한 찬양은 단순한 미사여구의 반복을 뛰어넘습니다. 그것은 감격과 신뢰의 마음속에서 모든 환경을 초월하여 쏟아져 나옴으로써 그 스스로 진정한 찬양임을 입증합니다.

참된 신앙과 거짓이 서로 분리되는 곳이 바로 광야이기 때문에 우리가 약속의 땅에 들어가려면 광야를 거쳐가도록 주님은 정하셨습니다. 거짓된 신앙은 결코 주님의 약속을 얻지 못합니다. 그럼에도 불구하고, 광야 여정의 초기 단계를 보면, 참된 신앙을 가진 이들이 거의 없음을 볼 수 있습니다. 그러나 광야를 통과하는 동안 믿음이 없던 사람들이 믿음으로 충만해지는 것을 보게 됩니다. 하나님께서 바라시는 광야의 목적이 바로 이런 것입니다. 우리가 이것을 이해하게 될 때 야고보가 교훈한 대로 이 모든 것을 기쁨으로 받아들이게 될 것입니다.

내 형제들아 너희가 여러 가지 시험을 만나거든 온전히 기쁘게 여기라 이는 너희 믿음의 시련이 인내를 만들어 내는 줄 너희가 앎이라 인내를 온전히 이루라 이는 너희로 온전하고 구비하여 조금도 부족함이 없게 하려 함이라(약 1:2-4)

마헤쉬 차브다(Mahesh Chavda) 목사님은 그의 책 『폭풍의 전사』(순전한 나드)에서 하나님을 아는 지식과 신뢰하는 믿음을 강조하였습니다.

이성주의와 세속적 인본주의가 만연한 이 시대에, 온 세계는 말씀에 기반을 둔 신앙의 회복을 간절히 기다리고 있다. 폭풍이 다가올 때, 인간의 지혜와 능력은 반드시 실패할 것이다. 반대로 하나님을 아는 지식-하나님과 긴밀하게, 개인적으로 나누는 친교은 모든 집을 지탱해줄 반석이 될 것이다. 우리는 장차 거센 바람이 불고 많은 양의 비가 내려 우리의 집을 위협할 것이라고 확신한다. 그러나 하나님을 아는 지식 위에 세워졌기 때문에 그 집은 견고히 설 것이다. 그리스도께서 이 땅 위를 걸으시며 성부 하나님과의 친밀함을 누렸던 것처럼, 우리가 하나님을 깊이 체험하며 그에 대한 지식을 더 많이 쌓게 될 때, 우리는 하나님을 온전히 신뢰하게 된다. 온전한 신뢰는 우리 안에 믿음을 심어준다. 그리고 이러한 믿음만 있으면 능치 못할 일이 전혀 없다. 이것이 바로 예수님께서 붙잡으신 성부하나님의 사랑이며 그 사랑 속에 감춰진 비밀이다. 어디든지 또 언제든지 예수님께서 구원의 기쁜 소식을 전하신 곳마다 치유와 축사의 놀라운 기적이 일어났다. 이것은 성부 하나님과의 친밀함 가운데 일어난 기적들이다. 하나님을 아는 지식은 신뢰를 낳는다. 신뢰는 믿음을 낳는다. 믿음은 기적을 보여준다. 그러므로 "하나님을 알라. 신뢰하라. 믿으라." 이것이 우리를 승리의 삶으로 인도하는 초석이다.

우리는 불신앙을 물리치고 하나님을 어떤 상황 가운데에서도 신뢰하는 참믿음을 가져야 합니다.

5) 믿음은 행함으로 온전케 되는 것입니다

야고보 사도는 우리에게 행함이 있는 믿음 생활을 강조하였습니다.

내 형제들아 만일 사람이 믿음이 있노라 하고 행함이 없으면 무슨 이익이 있으리요 그 믿음이 능히 자기를 구원하겠느냐 만일 형제나 자매가 헐벗고 일용할 양식이 없는데 너희 중에 누구든지 그에게 이르되 평안히 가라 더웁게 하라 배부르게 하라 하며 그 몸에 쓸 것을 주지 아니하면 무슨 이익이 있으리요 이와 같이 행함이 없는 믿음은 그 자체가 죽은 것이라 혹이 가로되 너는 믿음이 있고 나는 행함이 있으니 행함이 없는 네 믿음을 내게 보이라 나는 행함으로 내 믿음을 네게 보이리라 네가 하나님은 한 분이신 줄을 믿느냐 잘하는도다 귀신들도 믿고 떠느니라 아아 허탄한 사람아 행함이 없는 믿음이 헛것인 줄 알고자 하느냐 우리 조상 아브라함이 그 아들 이삭을 제단에 드릴 때에 행함으로 의롭다 하심을 받은 것이 아니냐 네가 보거니와 믿음이 그의 행함과 함께 일하고 행함으로 믿음이 온전케 되었느니라 이에 경에 이른 바 이브라함이 하나님을 믿으니 이것을 의로 여기셨다는 말씀이 응하였고 그는 하나님의 벗이라 칭함을 받았나니 이로 보건대 사람이 행함으로 의롭다 하심을 받고 믿음으로만 아니니라 또 이와 같이 기생 라합이 사자를 접대하여 다른 길로 나가게 할 때에 행함으로 의롭다 하심을 받은 것이 아니냐 영혼 없는 몸이 죽은 것같이 행함이 없는 믿음은 죽은 것이니라(약 2:14-26)

야고보 사도는 행함이 있는 믿음의 사람으로 아브라함과 라합을 들었습니다.

먼저 아브라함의 믿음을 보겠습니다. 아브라함은 믿음과 행함의 사람이었습니다. 아브라함은 하나님께서 백세에도 아들을 낳게 하시고 그 후손을 수많은 별처럼 많게 하신다는 것을 믿었습니다.

이후에 여호와의 말씀이 이상 중에 아브람에게 임하여 가라사대 아브람아 두려워 말라 나는 너의 방패요 너의 지극히 큰 상급이니라 아브람이 가로되 주 여호와여 무엇을 내게 주시려나이까 나는 무자하오니 나의 상속자는 이 다메섹 엘리에셀이니이다 아브람이 또 가로되 주께서 내게 씨를 아니주셨으니 내 집에서 길리운 자가 나의 후사가 될 것이니이다 여호와의 말씀이 그에게 임하여 가라사대 그 사람은 너의 후사가 아니라 네 몸에서 날 자가 네 후사가 되리라 하시고 그를 이끌고 밖으로 나가 가라사대 하늘을 우러러 뭇 별을 셀 수 있나 보라 또 그에게 이르시되 네 자손이 이와 같으리라 아브람이 여호와를 믿으니 여호와께서 이를 그의 의로 여기시고(창 15:1-6)

아브라함은 하나님의 말씀을 순종함으로 믿음을 행하였습니다.

그 일 후에 하나님이 아브라함을 시험하시려고 그를 부르시되 아브라함아 하시니 그가 가로되 내가 여기 있나이다 여호와께서 가라사대 네 아들 네 사랑하는 독자 이삭을 데리고 모리아 땅으로 가서 내가 네게 지시하는 한 산 거기서 그를 번제로 드리라 아브라함이 아침에 일찍이 일어나 나귀에 안장을 지우고 두 사환과 그 아들 이삭을 데리고 번제에 쓸 나무를 쪼개어 가지고 떠나 하나님의 자기에게 지시하시는 곳으로 가더니 제 삼 일에 아브라함이 눈을 들어 그 곳을 멀리 바라본지라 이에 아브라함이 사환에게 이르되 너희는 나귀와 함께 여기서 기다리라 내가 아이와 함께 저기 가서 경배하고 너희에게로 돌아오리라 하고 아브라함이 이에 번제 나무를 취하여 그 아들 이삭에게 지우고 자기는 불과 칼을 손에 들고 두 사람이 동행하더니 이삭이 그 아비 아브라함에게 말하여 가로되 내 아버지여 하니 그가 가로되 내 아들아 내가 여기 있노라 이삭이 가로되 불과 나무는 있거니와 번제할 어린 양은 어디 있나이까 아브라함이 가로되 아들아 번제할 어린 양은 하나님이 자기를 위하여 친히 준비하시리라 하고 두 사람이 함께 나아가서 하나님이 그에게 지시하신 곳에 이른지라 이에 아브라함이 그 곳에 단을 쌓고 나무를 벌여 놓고 그 아들 이삭을 결박하여 단 나무 위에 놓고 손을 내밀어 칼을 잡고 그 아들을 잡으려 하더니 여호와의 사자가 하늘에서부터 그를 불러 가라사대 아브라함

> 아 아브라함아 하시는지라 아브라함이 가로되 내가 여기 있나이다 하매 사자가 가라사대 그 아이에게 네 손을 대지 말라 아무 일도 그에게 하지 말라 네가 네 아들 네 독자라도 내게 아끼지 아니하였으니 내가 이제야 네가 하나님을 경외하는 줄을 아노라 아브라함이 눈을 들어 살펴본즉 한 숫양이 뒤에 있는데 뿔이 수풀에 걸렸는지라 아브라함이 가서 그 숫양을 가져다가 아들을 대신하여 번제로 드렸더라 아브라함이 그 땅 이름을 여호와 이레라 하였으므로 오늘까지 사람들이 이르기를 여호와의 산에서 준비되리라 하더라(창 22:1-14)

아브라함은 믿음을 실행으로 옮김으로 가장 큰 축복을 받았습니다. 창세기 22:15-18절에 보면 하나님께서는 아브라함에게 더 크신 축복을 부으셨습니다.

> 여호와의 사자가 하늘에서부터 두 번째 아브라함을 불러 가라사대 여호와께서 이르시기를 내가 나를 가리켜 맹세하노니 네가 이같이 행하여 네 아들 네 독자를 아끼지 아니하였은즉 내가 네게 큰 복을 주고 네 씨로 크게 성하여 하늘의 별과 같고 바닷가의 모래와 같게 하리니 네 씨가 그 대적의 문을 얻으리라 또 네 씨로 말미암아 천하 만민이 복을 얻으리니 이는 네가 나의 말을 준행하였음이니라 하셨다 하니라(창 22:15-18)

아브라함이 믿음을 행함으로 축복을 받은 것은 특별히 그의 후손이 대적을 결박하고 지배하게 된다는 것입니다. 그의 씨는 예수 그리스도를 말합니다. 예수 그리스도를 통해 천하 만민이 복을 받습니다. "이 약속들은 아브라함과 그 자손에게 말씀하신 것인데 여럿을 가리켜 그 자손들이라 하지 아니하시고 오직 하나를 가리켜 네 자손이라 하셨으니 곧 그리스도라."

 라합의 믿음을 보겠습니다. 라합은 하나님을 가장 위대하신 하나님으로 믿고 이스라엘 정탐꾼에게 믿음으로 행하였습니다. 라합은 여호와 하나님을 참신으로 "상천하지에 하나님"으로 믿었습니다. 그리고 정탐꾼을 위험을 무릅쓰고 숨겨주었습니다.

 두 사람이 눕기 전에 라합이 지붕에 올라가서 그들에게 이르러 말하되 여호와께서 이 땅을 너희에게 주신 줄을 내가 아노라 우리가 너희를 심히 두려워하고 이 땅 백성이 다 너희 앞에 간담이 녹나니 이는 너희가 애굽에서 나올 때에 여호와께서 너희 앞에서 홍해 물을 마르게 하신 일과 너희가 요단 저편에 있는 아모리 사람의 두 왕 시혼과 옥에게 행한 일 곧 그들을 전멸시킨 일을 우리가 들었음이라 우리가 듣자 곧 마음이 녹았고 너희의 연고로 사람이 정신을 잃었나니 너희 하나님 여호와는 상천하지에 하나님이시니라 그러므로 청하노니 내가 너희를 선대하였은즉 너희도 내 아버지의 집을 선대하여 나의 부모와 남녀 형제와 무릇 그들에게 있는 모든 자를 살려 주어 우리 생명을 죽는 데서 건져내기로 이제 여호와로 맹세하고 내게 진실한 표를 내라 (12절에 포함되어 있음) 두 사람이 그에게 이르되 네가 우리의 이 일을 누설치 아니하면 우리의 생명으로 너희를 대신이라도 할 것이요 여호와께서 우리에게 이 땅을 주실 때에는 인자하고 진실하게 너를 대우하리라 라합이 그들을 창에서 줄로 달아내리우니 그 집이 성벽 위에 있으므로 그가 성벽 위에 거하였음이라 라합이 그들에게 이르되 두렵건대 따르는 사람들이 너희를 만날까 하노니 너희는 산으로 가서 거기 사흘을 숨었다가 따르는 자들이 돌아간 후에 너희 길을 갈지니라 두 사람이 그에게 이르되 네가 우리로 서약케 한 이

> 맹세에 대하여 우리가 허물이 없게 하리니우리가 이 땅에 들어올 때에 우리
> 를 달아 내리운 창에 이 붉은 줄을 매고 네 부모와 형제와 네 아비의 가족을
> 다 네 집에 모으라 누구든지 네 집 문을 나서 거리로 가면 그 피가 그의 머리
> 로 돌아갈 것이요 우리는 허물이 없으리라 그러나 누구든지 너와 함께 집에
> 있는 자에게 누가 손을 대면 그 피는 우리의 머리로 돌아오려니와 네가 우리
> 의 이 일을 누설하면 네가 우리로 서약케 한 맹세에 대하여 우리에게 허물이
> 없으리라 라합이 가로되 너희의 말대로 할 것이라 하고 그들을 보내어 가게
> 하고 붉은 줄을 창문에 매니라(수 2:8-21)

라합은 믿음을 행함으로 상상을 초월하는 축복을 받았습니다. 여호수아가 여리고 성을 쳐들어갔을 때 라합의 가족들은 다 구원을 받았습니다. 그리고 이방인이며 기생이던 라합은 이스라엘 공동체의 일원이 되고 예수 그리스도의 직계 조상이 되었습니다.

마태복음 1장에서 메시아이신 예수님의 조상으로 라합이 나옵니다 (마1:5, 16).

> 살몬은 라합에게서 보아스를 낳고 보아스는 룻에게서 오벳을 낳고 오벳은
> 이새를 낳고(마 1:5)

> 야곱은 마리아의 남편 요셉을 낳았으니 마리아에게서 그리스도라 칭하는 예
> 수가 나시니라(마 1:16)

그리스도인은 하나님을 향한 믿음과 행함이 있는 믿음, 참된 믿음 생활을 하여야 합니다. 이런 믿음으로 말미암아 믿음 있는 자로서의

축복을 받아야 합니다. 여러분, 하나님의 성품인 신의 성품에 참여하는 첫 번째는 믿음입니다. 우리는 믿음으로 시작하여 신의 성품에 참여하는 성숙한 그리스도인으로 하나님께 영광을 돌려야 합니다.

신의 성품에 참여하는 두 번째는
덕입니다

이러므로 너희가 더욱 힘써 너희 믿음에 덕을

덕에 지식을(벧후 1:5)

믿음이 기초가 되지 않는 성도의 선행, 의 등은 아무런 의미가 없습니다. 이렇게 믿음이 기초가 된 다음에는 덕이 필요합니다.

1) 덕이란 무엇인가?

덕은 히브리어로는 명사 '헨'(חן, chen), 헬라어로는 '아레테'(ἀρετή, arete)가 사용되었으며, 사람들에게 높이 평가되는 것으로 도덕적으로 뛰어난 품성을 가리킵니다.

이 말은 호의, 친절, 정, 아름다움, 감사, 은혜 등 폭넓게 쓰이고 있습니다. 덕은 하나님의 품성(벧전 2:9, 벧후 1:3, excellence)과 사람의 품성으로 (빌 4:8, excellence, 벧후 1:5, virtue) 인용되며, 그리스도교에 있어서는 하나님께서 예비해 주시는 탁월한 성질을 말합니다.

고대 희랍인들은 지혜, 절제, 용감, 공정을 인생의 4대 덕으로 생각했습니다. 고대 중국에서는 지, 인, 용(智仁勇)을 3대 덕으로 불렀습니다. 유교에서는 인의예지(仁義禮知) 즉 사람의 몸에 갖추어야 할 네 가지 마음씨-어질고, 의롭고, 예절 바르고, 지혜가 있는 것을 총칭하여 덕이라 말했습니다.

요약하자면 하나님 말씀에서의 덕은 특수한 속성으로서 지혜, 선, 능력, 의, 호의, 친절, 아름다움, 감사, 은혜 등을 뜻하는 것입니다. 성경에서 덕은 하나님의 품성과 사람의 품성입니다. 특별히 잠언서에는 정결을 사모하는 자에게 있을 덕이 나옵니다(잠 22:11). 그리고 입술에 덕이 있는 사람은 왕의 친구가 된다고 하였습니다.

> 마음의 정결을 사모하는 자의 입술에는 덕이 있으므로 임금이 그의 친구가 되느니라(잠 22:11)

사도 베드로는 하나님의 백성에게 따르는 의무에 대해 "아름다운 덕을 선전하게 하려 하신다"라고 밝혔습니다.

> 그러나 너희는 택하신 족속이요 왕 같은 제사장들이요 거룩한 나라요 그의 소유가 된 백성이니 이는 너희를 어두운 데서 불러내어 그의 기이한 빛에 들어가게 하신 이의 아름다운 덕을 선전하게 하려 하심이라(벧전 2:9)

하나님의 백성으로 특권을 받은 자 즉 택하신 족속(예수 그리스도의 십자가 구속과 하나님의 선택), 왕 같은 제사장(하나님 나라 백성은 이러한 절차와 심사 없이

도 얼마든지 하나님을 직접 대면할 수 있음), 거룩한 나라(성결과 거룩), 소유된 백성(그리스도의 몸과 피로 값을 치르고 산 존재들)으로 의무가 있습니다. 참으로 하나님께 깊은 사랑과 은혜를 받았다고 인정하는 자들은 그 아름다운 덕을 널리 선전하여야 합니다.

> …이는 너희를 어두운 데서 불러내어 그의 기이한 빛에 들어가게 하신 자의 아름다운 덕을 선전하게 하심이라(벧전2:9)

바울은 덕을 세우는 것을 여러 번 권면하였습니다.

> 이러므로 우리가 화평의 일과 서로 덕을 세우는 일을 힘쓰나니(롬 14:19)

> 우리 각 사람이 이웃을 기쁘게 하되 선을 이루고 덕을 세우도록 할지니라(롬 15:2)

> 우상의 제물에 대하여는 우리가 다 지식이 있는 줄을 아나 지식은 교만하게 하며 사랑은 덕을 세우나니(고전 8:1)

> 그러나 예언하는 자는 사람에게 말하여 덕을 세우며 권면하며 안위하는 것이요 방언을 말하는 자는 자기의 덕을 세우고 예언하는 자는 교회의 덕을 세우나니 나는 너희가 다 방언 말하기를 원하나 특별히 예언하기를 원하노라 방언을 말하는 자가 만일 교회의 덕을 세우기 위하여 통역하지 아니하면 예언하는 자만 못하니라(고전 14:3-5)

> 그러면 너희도 신령한 것을 사모하는 자인즉 교회의 덕 세우기를 위하여 풍성하기를 구하라(고전 14:12)

> 종말로 형제들아 무엇에든지 참되며 무엇에든지 경건하며 무엇에든지 옳으며 무엇에든지 정결하며 무엇에든지 사랑할 만하며 무엇에든지 칭찬할 만하며 무슨 덕이 있든지 무슨 기림이 있든지 이것들을 생각하라(빌 4:8)

> 그런즉 형제들아 어찌할꼬 너희가 모일 때에 각각 찬송시도 있으며 가르치는 말씀도 있으며 계시도 있으며 방언도 있으며 통역함도 있나니 모든 것을 덕을 세우기 위하여 하라(고전 14:26)

> 이때까지 우리가 우리를 너희에게 변명하는 줄로 생각하는구나 우리가 그리스도 안에서 하나님 앞에 말하노라 사랑하는 자들아 이 모든 것은 너희의 덕을 세우기 위함이니라(고후 12:19)

분명히 알아야 할 것은 하나님께서 우리를 부르신 것은 덕을 선전하기 위함이라는 것입니다.

2) 어떻게 덕을 세울 수 있을까?

(1) 덕을 세우는 것은 화평이 선행되어야 합니다

사도 바울은 모든 것을 덕을 세우기 위하여 하라고 가르치고 있습니다.

> …모든 것을 덕을 세우기 위하여 하라(고전 14:26)

> 이러므로 우리가 화평의 일과 서로 덕을 세우는 일을 힘쓰나니(롬 14:19)

> 그는 우리의 화평이신지라 둘로 하나를 만드사 중간에 막힌 담을 허시고(엡 2:14)

교회 안에 덕을 세울 때 서로 분열되어서는 곤란합니다. 화평은 서로 덕을 세울 수 있도록 분위기를 만들어 주는 필수적인 요소입니다. 덕을 세우기 위해서는 그리스도의 피로 이루신 화평 안에 거하여야 합니다. 하나님은 어지러움의 하나님이 아니라 화평의 하나님이십니다(고전 14:33). 하나님은 화평 중에서 우리를 부르셨다고 하셨습니다(고전 7:15). 그러므로 화평케 함을 통하여 하나님의 아들이라 일컬음을 받는 성도가 되어야 합니다.

베드로 사도는 화평을 좇는 방법으로 악에서 떠나 선을 행하라고 하였습니다.

> **악에서 떠나 선을 행하고 화평을 좇으라(벧전 3:11)**

바울 사도는 우리 주 예수 그리스도로 말미암아 하나님으로 더불어 화평을 누려야 할 것이라고 하였습니다.

> 그러므로 우리가 믿음으로 의롭다 하심을 받았으니 우리 주 예수 그리스도

로 말미암아 하나님과 화평을 누리자(롬 5:1)

먼저 위로 하나님과 화평하고 아래로는 형제들과 화평할 때 십자가의 도는 참뜻을 발하게 될 것이며, 성도들은 서로 덕을 세우는 분위기에서 하나님의 일을 확장시키게 될 것입니다.

(2) 사랑으로 덕을 세울 수 있습니다

고린도전서 8장 1절에서는 "지식은 교만하게 하며 사랑은 덕을 세우나니"라고 말씀합니다. 우리 안에 그리스도의 사랑만 있다면 덕을 세우는 것이 가능합니다. 사랑의 사람으로 말미암아 교회는 덕으로 세워지게 되는 것입니다. 교회는 하나의 연합체요, 공동체입니다.

> 오직 사랑 안에서 참된 것을 하여 범사에 그에게까지 자랄지라 그는 머리니 곧 그리스도라 그에게서 온 몸이 각 마디를 통하여 도움을 입음으로 연락하고 상합하여 각 지체의 분량대로 역사하여 그 몸을 자라게 하며 사랑 안에서 스스로 세우느니라(엡 4:15-16)

사랑으로 서로 덕을 세우는 데 힘쓸 때 교회는 성장하고 제 모습을 찾아가게 마련입니다.

(3) 덕을 세울 수 있는 것은 양보와 겸손입니다

덕을 세우려면 자기의 주장을 한발 양보하며, 자기의 연약함을 인정해야 합니다. 자기의 신앙적 공로나 우월함을 음으로든지 양으로든지 드러내지 않는 것입니다. 나보다는 남을 생각하는 것이며 먼저 전체

교회를 생각하는 것입니다.

> 우리는 하나님의 동역자들이요 너희는 하나님의 밭이요 하나님의 집이니라
> (고전 3:9)

(4) 덕을 세우는 것은 지혜로운 말을 하는 것입니다

> 입을 열어 지혜를 베풀며 그의 혀로 인애의 법을 말하며(잠 31:26)

지혜의 말씀은 성령님께서 어떤 특정한 상황에서 어떻게 처신해야 할지 방법을 알려 주시거나 사리분별이나 깨달음을 주는 것으로 주어진 상황에서 하나님의 관점이 무엇인지를 알려 주는 것입니다. 예수님께서는 요한복음 8장 1-12절에서 간음죄로 고소를 당한 여인의 사건에서 지혜로운 말씀을 하셨습니다.

> 예수는 감람 산으로 가시다 아침에 다시 성전으로 들어오시니 백성이 다 나아오는지라 앉으사 그들을 가르치시더니 서기관들과 바리새인들이 음행 중에 잡힌 여자를 끌고 와서 가운데 세우고 예수께 말하되 선생이여 이 여자가 간음하다가 현장에서 잡혔나이다 모세는 율법에 이러한 여자를 돌로 치라 명하였거니와 선생은 어떻게 말하겠나이까 그들이 이렇게 말함은 고발할 조건을 얻고자 하여 예수를 시험함이러라 예수께서 몸을 굽히사 손가락으로 땅에 쓰시니 그들이 묻기를 마지 아니하는지라 이에 일어나 이르시되 너희 중에 죄 없는 자가 먼저 돌로 치라 하시고 다시 몸을 굽혀 손가락으로 땅에 쓰시니 그들이 이 말씀을 듣고 양심의 가책을 느껴 어른으로 시작하여 젊은

이까지 하나씩 하나씩 나가고 오직 예수와 그 가운데 섰는 여자만 남았더라 예수께서 일어나사 여자 외에 아무도 없는 것을 보시고 이르시되 여자여 너를 고발하던 그들이 어디 있느냐 너를 정죄한 자가 없느냐 대답하되 주여 없나이다 예수께서 이르시되 나도 너를 정죄하지 아니하노니 가서 다시는 죄를 범하지 말라 하시니라 예수께서 또 말씀하여 이르시되 나는 세상의 빛이니 나를 따르는 자는 어둠에 다니지 아니하고 생명의 빛을 얻으리라

예수님이 하신 말씀은 참으로 지혜롭습니다.

예수께서 몸을 굽히사 손가락으로 땅에 쓰시니 그들이 묻기를 마지 아니하는지라 이에 일어나 이르시되 너희 중에 죄 없는 자가 먼저 돌로 치라(요 8:6-7)

사도 바울은 덕을 세우는 것은 선한 말을 하여 듣는 사람에게 은혜를 끼치는 것이라고 하였습니다.

무릇 더러운 말은 너희 입 밖에도 내지 말고 오직 덕을 세우는 데 소용되는 대로 선한 말을 하여 듣는 자들에게 은혜를 끼치게 하라(엡 4:29)

(5) 덕을 세우는 것은 하나님을 경외하는 것입니다

덕행 있는 여자가 많으나 그대는 모든 여자보다 뛰어나다 하느니라 고운 것도 거짓되고 아름다운 것도 헛되나 오직 여호와를 경외하는 여자는 칭찬을 받을 것이라(잠 31:29-30)

하나님의 성품, 신의 성품에 참여하는 자는 믿음과 함께 덕을 세우는 사람입니다. 오늘날 우리 사회는 용감한 사람보다 덕 있는 사람이 필요한 시대입니다. 지칠 대로 지친 사람들, 삶에서 여러 가지 일을 겪으며 완악해질 대로 완악해진 이들을 위로하고 격려하고 마음을 녹여 줄 수 있는 사람은 바로 덕 있는 사람입니다.

제3장 지식

신의 성품에 참여하는 세 번째는 **지식**입니다

이러므로 너희가 더욱 힘써 너희 믿음에 덕을

덕에 지식을(벧후 1:5)

　신의 성품과 성결 생활에 있어서 성숙은 믿음과 덕만으로 이루어지는 것이 아닙니다. 거기에 지식을 더해야 합니다. 사람이 덕만 있다 보면 자칫 덕이 교활한 악인의 이용물이 될 수 있고 열매를 맺지 못할 수도 있습니다. 그러나 거기에 통찰력의 지식이 더해질 때 덕 있는 사람은 더욱 풍부한 신앙의 결실을 맺을 수 있습니다.

1) 지식이란 무엇인가?

　일반적인 의미에 있어서의 지식이란, 사물에 관한 확실한 인식, 만물의 진가를 아는 일 등을 말합니다. 그리고 '서로 아는 일', '경험하는 일', '감지하는 일' 등입니다.

원어적으로 지식이라는 말은 히브리어 동사 '야-다' (יָדַע, yada)로 "보아서 확인하다"에서 온 것입니다. 헬라어는 '기노-스케인'(γινωσκειν, gnwskein)으로 "안다"라고 번역합니다. 창세기 4장 1, 17, 25절 등에서 보면 성적 관계까지도 "안다"라는 표현을 사용합니다. 이사야 53장 3절에는 "그는…간고를 많이 겪었으며 질고를 아는 자라"고 했습니다. 이러한 의미로 볼 때 "안다"는 것은, 객관적인 인식을 얻는 것이 아니라, 체험적 또는 주체적으로 깨닫는 일입니다.

성경에 있어서의 지식이란, 모든 지혜를 종합한 것을 가리킵니다. 단순히 그 현상만을 아는 것이 아니라, 그것의 존재 이유를 깨닫고, 그 상호관계를 알며, 도덕적 교훈을 깨닫고, 거기에 나타난 하나님의 뜻을 깨닫는 일입니다. 단순히 사물에 관해 아는 것만이 아니라, 깊이 깨닫는 일, 영적으로 깨닫는 일까지 말하고 있습니다.

2) 진정한 지식은 무엇인가?

(1) 하나님을 아는 지식입니다

> 하나님을 아는 것을 대적하여 높아진 것을 다 무너뜨리고 모든 생각을 사로잡아 그리스도에게 복종케 하니(고후 10:5)

'하나님을 안다'는 것도 단지 하나님의 존재를 인식하는 것이 아닙니다. 하나님의 역사(일)하심을 아는 것에 의해, 하나님을 하나님으로서 높이는 일입니다(신 4:39, 29:6, 사 43:10, 시 46:10 등).

그런즉 너는 오늘 위로 하늘에나 아래로 땅에 오직 여호와는 하나님이시요 다른 신이 없는 줄을 알아 명심하고(신 4:39)

너희에게 떡도 먹지 못하며 포도주나 독주를 마시지 못하게 하셨음은 주 너희의 하나님 여호와이신 줄을 알게 하려 하심이니라(신 29:6)

나 여호와가 말하노라 너희는 나의 증인 나의 종으로 택함을 입었나니 이는 너희가 나를 알고 믿으며 내가 그인 줄 깨닫게 하려 함이라 나의 전에 지음을 받은 신이 없었느니라 나의 후에도 없으리라(사 43:10)

이르시기를 너희는 가만히 있어 내가 하나님 됨을 알지어다 내가 뭇 나라 중에서 높임을 받으리라 내가 세계 중에서 높임을 받으리라 하시도다(시 46:10)

(2) 예수 그리스도를 아는 지식입니다

항상 우리를 그리스도 안에서 이기게 하시고 우리로 말미암아 각처에서 그리스도를 아는 냄새를 나타내시는 하나님께 감사하노라(고후 2:14)

또한 모든 것을 해로 여김은 내 주 그리스도 예수를 아는 지식이 가장 고상함을 인함이라 내가 그를 위하여 모든 것을 잃어버리고 배설물로 여김은 그리스도를 얻고(빌 3:8)

'예수 그리스도를 아는 지식' 이란 그의 말씀을 아는 것과 그를 체험적으로 아는 것입니다. 예수 그리스도를 아는 지식이란 우리에게 구원의 도리와 하나님께 나아가는 길을 가르쳐 주는 그의 말씀을 아는 것입니다(롬 10:17, 딤후 3:15-17 참조).

예수 그리스도를 아는 지식은 단순히 지식적인 이해를 의미하는 것이 아닙니다. 그것은 그를 체험적으로 느끼고 아는 것입니다. 그와의 개인적인 만남을 통해 그의 강림과 가르침, 십자가와 부활이 바로 나를 위한 것이었음을 체험하는 것입니다. 그리스도를 이천 년 전의 한 위인으로 아는 것이 아니라 나의 구세주와 하나님이심을 알고 고백하는 것입니다. 예수 그리스도의 얼굴에 있는 하나님의 영광을 아는 지식입니다.

> 어두운 데에 빛이 비치라 말씀하셨던 그 하나님께서 예수 그리스도의 얼굴에 있는 하나님의 영광을 아는 빛을 우리 마음에 비추셨느니라(고후 4:6)

참된 지식은 하나님과의 인격적인 만남에 의해 주어지는 지식입니다.

(3) 진리를 아는 지식입니다

> 우리가 진리를 아는 지식을 받은 후 짐짓 죄를 범한 즉 다시 속죄하는 제사가 없고(히 10:26)

예수님은 진리이십니다. 성령님은 진리의 영이십니다. 하나님의 말씀은 진리입니다. 예수님과 성령님 그리고 하나님의 말씀을 아는 것이 지식이라는 것을 제대로 알고 살아야 합니다.

(4) 하나님을 경외하는 지식입니다

솔로몬은 "여호와를 경외하는 것이 지식의 근본이다"라고 하였습니다(잠 1:7).

(5) 성령의 은사로서의 지식입니다

하나님에게서 은사로 주어지는 지식입니다(고전 1:5, 12:8, 고후 8:7).

> 어떤 사람에게는 성령으로 말미암아 지혜의 말씀을 어떤 사람에게는 같은 성령을 따라 지식의 말씀을(고전 12:8)

성령의 아홉 가지 은사 중에 지식의 말씀의 은사가 있습니다. 이 은사가 주어지면 하나님의 뜻과 계획을 초자연적으로 알 수 있습니다. 그리고 이 은사는 자연적인 상태에서 결코 알 수 없는 것, 특정 사람이나 사건에 관한 신적인 정보를 받는 것을 말합니다. 이 은사를 잘 사용한 사람들은 성경에서 여러 사람이 있습니다. 엘리사 선지자는 지식의 은사를 사용하여 이스라엘을 침략하려는 아람 왕의 전쟁 계획을 미리 알아서 이스라엘 왕에게 알려주어 아람의 계획을 좌절하게 하였습니다.

> 때에 아람 왕이 이스라엘로 더불어 싸우며 그 신복들과 의논하여 이르기를 우리가 아무데 아무데 진을 치리라 하였더니 하나님의 사람이 이스라엘 왕

> 에게 기별하여 가로되 왕은 삼가 아무 곳으로 지나가지 마소서 아람 사람이 그곳으로 나오나이다 이스라엘 왕이 하나님의 사람의 자기에게 고하여 경계한 곳으로 사람을 보내어 방비하기가 한두 번이 아닌지라 이러므로 아람 왕의 마음이 번뇌하여 그 신복들을 불러 이르되 우리 중에 누가 이스라엘 왕의 내응이 된 것을 내게 고하지 아니하느냐 그 신복 중에 하나가 가로되 우리 주 왕이여 아니로소이다 오직 이스라엘 선지자 엘리사가 왕이 침실에서 하신 말씀이라도 이스라엘 왕에게 고하나이다(왕하 6:8-12)

엘리사 선지자는 아람 왕이 침실에서 한 말도 알았습니다. 그 비밀 정보를 미리 알아 이스라엘 왕에게 알려주므로 적의 침입하는 경로를 미리 방어하였습니다. 예수님께서도 지식의 말씀을 여러 번 사용하였습니다. 예수님께서는 예루살렘 입성하실 때 필요한 나귀가 어디에 있는 것을 알려주어 끌고 오게 하였습니다.

> 저희가 예루살렘에 가까이 와서 감람 산 벳바게에 이르렀을 때에 예수께서 두 제자를 보내시며 이르시되 너희 맞은편 마을로 가라 곧 매인 나귀와 나귀 새끼가 함께 있는 것을 보리니 풀어 내게로 끌고 오너라 만일 누가 무슨 말을 하거든 주가 쓰시겠다 하라 그리하면 즉시 보내리라 하시니 이는 선지자로 하신 말씀을 이루려 하심이라 일렀으시 온 딸에게 이르기를 네 왕이 네게 임하나니 그는 겸손하여 나귀 곧 멍에 메는 짐승의 새끼를 탔도다 하라 하였느니라 제자들이 가서 예수의 명하신 대로 하여 나귀와 나귀 새끼를 끌고 와서 자기들의 겉옷을 그 위에 얹으매 예수께서 그 위에 타시니 무리의 대부분은 그 겉옷을 길에 펴며 다른 이는 나뭇가지를 베어 길에 펴고 앞에서 가고 뒤에서 따르는 무리가 소리질러 가로되 호산나 다윗의 자손이여 찬송하리로

다 주의 이름으로 오시는 이여 가장 높은 곳에서 호산나 하더라(마 21:1-9)

예수님께서는 지식의 말씀으로 두 제자를 보내어 맞은편 마을에 나귀가 매어 있는 곳을 알려주어 끌고 오게 하였습니다. 그것으로 예루살렘으로 입성하시는 왕의 모습을 보여 주셨습니다.

또한 예수님은 물을 길으러 온 사마리아 여인의 상황을 잘 알고 있었습니다.

> 여자가 가로되 주여 물 길을 그릇도 없고 이 우물은 깊은데 어디서 이 생수를 얻겠삽나이까 우리 조상 야곱이 이 우물을 우리에게 주었고 또 여기서 자기와 자기 아들들과 짐승이 다 먹었으니 당신이 야곱보다 더 크니이까 예수께서 대답하여 가라사대 이 물을 먹는 자마다 다시 목마르려니와 내가 주는 물을 먹는 자는 영원히 목마르지 아니하리니 나의 주는 물은 그 속에서 영생하도록 솟아나는 샘물이 되리라 여자가 가로되 주여 이런 물을 내게 주사 목마르지도 않고 또 여기 물 길러 오지도 않게 하옵소서 가라사대 가서 네 남편을 불러오라 여자가 대답하여 가로되 나는 남편이 없나이다 예수께서 가라사대 네가 남편이 없다 하는 말이 옳도다 네가 남편 다섯이 있었으나 지금 있는 자는 네 남편이 아니니 네 말이 참되도다여자가 가로되 주여 내가 보니 선지자로소이다(요 4:11-19)

예수님께서는 지식의 말씀으로 사마리아에 있는 수가 동네 우물가에서 만난 여인에게 숨겨진 정체를 밝혀 말하기도 하셨고 진리를 드러내어 이 여인의 갈증을 풀어 주기도 하셨습니다. 예수님을 만난 여인은 처음에는 예수님을 한 사람의 나그네로 알았습니다. 다음에는 유대인으로 그 다음에는 랍비에서 선지자로 그리고 마지막에는 메시아로 깨닫게 되었습니다.

예수님을 바로 아는 것이 참지식입니다. 예수님은 죄에서 구하시는 구세주요 대제사장이요, 모든 것을 아는 대선지자요, 모든 것을 통치하시는 만왕의 왕이요, 전능하신 하나님이십니다.

우리 그리스도인은 믿음에 덕을 쌓을 뿐만 아니라 "지식"을 더해야 합니다. 우리는 믿음과 함께 덕과 더불어 하나님을 아는 바른 지식이 있어야 합니다. 특별히 우리는 하나님을 아는 지식과 함께 지식의 은사를 바로 사용하여 하나님께 영광을 돌리는 삶을 살아야 합니다.

제4장 절제

신의 성품에 참여하는 네 번째는
절제입니다

지식에 절제를 절제에 인내를 인내에 경건을(벧후 1:6)

    우리는 하나님의 형상대로 지음을 받았습니다. 하나님의 형상대로 지음을 받은, 하나님의 성품에 참여하는 자가 되어야 합니다. 하나님의 성품에 참여하는 첫 번째 단계는 믿음입니다. 하나님을 가장 믿고 신뢰하고 경외하여야 합니다. 두 번째는 덕입니다. 믿음에 덕이 있어야 합니다. 덕은 사람에게 높이 평가되는 것으로 도덕적으로 뛰어난 품성을 가리킵니다. 이 말은 호의, 친절, 정, 아름다움, 감사, 은혜 등 폭넓게 쓰이고 있습니다. 우리는 덕행이 있는 호의와 친절의 사람이 되어야 합니다. 세 번째는 지식입니다. 덕에 지식이 있어야 합니다. 지식은 단순히 사물에 관해 아는 것만이 아니라, 깊이 깨닫는 일, 영적으로 깨닫는 일까지 포함하고 있습니다. 우리는 하나님을 아는 지식이 있어야 하고 하나님의 초자연적인 감동을 받아야 합니다. 네 번째는 절제입니다. 지식에는 절제가 있어야 합니다. 사람이 지식이 많으면 교만해지기 쉽고 자만심 때문에 넘어지기 쉽습니다. 남보다 좀 더 많이 배우고 지식이 많은 자는 스스로 패망의 선봉이 되게 하는 함정을 안고 있습니다. 그러므로 절제가 필요합니다.

본문에서는 지식에 절제를 더하라고 하였습니다. 지식에 절제를 더하라는 것은 통제를 말합니다. 절제는 하나님의 성품으로, 절제를 통하여 건강한 생활과 하나님을 뜻에 순종하고 하나님을 더욱더 기쁘게 해 드릴 수 있습니다. 성경에서는 여러 곳에서 절제할 것을 명합니다.

그러므로 우리는 다른 이들과 같이 자지 말고 오직 깨어 근신할찌라 자는 자들은 밤에 자고 취하는 자들은 밤에 취하되 우리는 낮에 속하였으니 근신하여 믿음과 사랑의 흉배를 붙이고 구원의 소망의 투구를 쓰자(살전 5:6-8)

늙은 남자로는 절제하며 경건하며 근신하며 믿음과 사랑과 인내함에 온전케 하고 늙은 여자로는 이와 같이 행실이 거룩하며 참소치 말며 많은 술의 종이 되지 말며 선한 것을 가르치는 자들이 되고…우리를 양육하시되 경건치 않은 것과 이 세상 정욕을 다 버리고 근심함과 의로움과 경건함으로 이 세상에 살고(딛 2:2-3,12)

감독은 하나님의 청지기로서 책망할 것이 없고 제 고집대로 하지 아니하며 급히 분내지 아니하며 술을 즐기지 아니하며 구타하지 아니하며 더러운 이를 탐하지 아니하며 오직 나그네를 대접하며 선을 좋아하며 근신하며 의로우며 거룩하며 절제하며(딛 1:7-8)

여자들도 이와 같이 단정하고 참소하지 말며 절제하며 모든 일에 충성된 자라야 할찌니라(딤전 3:11)

1) 절제란 무엇인가?

절제란 더 높은 목표와 이상을 달성하려는 욕망을 성취하기 위해 노력하는 것을 말합니다. 절제가 헬라어로는 엥크라테이아인데, 이것은 '억제하다' (여기에서 '자제하다' 가 나옴)를 뜻하는 것입니다. 절제는 신약성경의 용어이지만 구약성경에서도 특히 잠언 같은 곳에서는 절제가 분별력 있게 행동하는 개념으로 자주 나옵니다.

바울은 벨릭스 총독에게 의(義)와 장차 다가올 심판과 더불어 절제에 대해서 강론했습니다. "바울이 의와 절제와 장차 오는 심판을 강론하니 벨릭스가 두려워하여 대답하되 시방은 가라 내가 틈이 있으면 너를 부르리라 하고"(행 24:25). 절제는 신의 성품으로, 성공적인 그리스도인의 삶에 없어서는 안 될 가장 중요한 것 가운데 하나입니다.

(1) 절제의 뜻은 자제력에 의한 생활 조절의 하나입니다

절제는 하나님의 뜻에 어긋나는 행동과 습관은 그리스도인의 생활에서 완전히 근절되어야 한다는 의미입니다. 바울은 절제를 성공적인 그리스도인 생활의 필수적인 요소라고 강조하면서, "이기기를 다투는 자마다 모든 일에 절제하나니 저희는 썩을 면류관을 얻고자 하되 우리는 썩지 아니할 것을 얻고자 하노라 그러므로 내가 달음질하기를 향방 없는 것같이 아니하고 싸우기를 허공을 치는 것같이 아니하여 내가 내 몸을 쳐 복종하게 함은 내가 남에게 전파한 후에 자기가 도리어 버림이 될까 두려워함이로라"(고전 9:25-27)라고 말했습니다.

바울은 상을 얻기 위해서 분투노력하는 운동 선수를 비유로 들어 설명하였습니다. "내가 내 몸을 쳐 복종하게 함은 내가 남에게 전파한 후에 자기가 도리어 버림이 될까 두려워함이로라"(고전 9:27).

(2) 절제는 성령의 아홉 가지 열매 중 하나입니다

> 오직 성령의 열매는 사랑과 희락과 화평과 오래 참음과 자비와 양선과 충성과 온유와 절제니 이같은 것을 금지할 법이 없느니라(갈 5:22-23)

(3) 절제는 성령의 지배가 있는 생활입니다

갈라디아서 5:19-21절에서는 육이 지배하는 생활을, 갈라디아서 5장 22-23절에서는 성령이 지배하는 생활에서 나타나는 덕을 말하고 있습니다.

> 육체의 일은 분명하니 곧 음행과 더러운 것과 호색과 우상 숭배와 주술과 원수 맺는 것과 분쟁과 시기와 분냄과 당 짓는 것과 분열함과 이단과 투기와 술 취함과 방탕함과 또 그와 같은 것들이라 전에 너희에게 경계한 것 같이 경계하노니 이런 일을 하는 자들은 하나님의 나라를 유업으로 받지 못할 것이요 오직 성령의 열매는 사랑과 희락과 화평과 오래 참음과 자비와 양선과 충성과 온유와 절제니 이같은 것을 금지할 법이 없느니라 그리스도 예수의 사람들은 육체와 함께 그 정욕과 탐심을 십자가에 못 박았느니라 만일 우리가 성령으로 살면 또한 성령으로 행할지니(갈 5:19-25)

2) 성경에 나오는 절제의 예

절제의 예를 성경 여러 곳에서 볼 수 있습니다.

(1) 나실인은 절제하여야 합니다

> 이스라엘 자손에게 고하여 그들에게 이르라 남자나 여자가 특별한 서원 곧 나실인의 서원을 하고 자기 몸을 구별하여 여호와께 드리거든 포도주와 독주를 멀리하며 포도주의 초나 독주의 초를 마시지 말며 포도즙도 마시지 말며 생포도나 건포도도 먹지 말찌니(민 6:2-3)

(2) 다윗은 절제를 잘하였습니다
다윗이 절제를 잘한 것을 여러 곳에서 볼 수 있습니다.

A. 다윗은 자기를 죽이려고 한 사울을 죽이지 않고 절제하였습니다.

> 십 사람이 기브아에 와서 사울에게 말하여 이르되 다윗이 광야 앞 하길라 산에 숨지 아니하였나이까 하매 사울이 일어나 십 광야에서 다윗을 찾으려고 이스라엘에서 택한 사람 삼천 명과 함께 십 광야로 내려가서 사울이 광야 앞 하길라 산 길가에 진 치니라 다윗이 광야에 있더니 사울이 자기를 따라 광야로 들어옴을 알고 이에 다윗이 정탐꾼을 보내어 사울이 과연 이른 줄 알고 다윗이 일어나 사울이 진 친 곳에 이르러 사울과 넬의 아들 군사령관 아브넬이 머무는 곳을 본즉 사울이 진영 가운데에 누웠고 백성은 그를 둘러 진 쳤더라

이에 다윗이 헷 사람 아히멜렉과 스루야의 아들 요압의 아우 아비새에게 물어 이르되 누가 나와 더불어 진영에 내려가서 사울에게 이르겠느냐 하니 아비새가 이르되 내가 함께 가겠나이다 다윗과 아비새가 밤에 그 백성에게 나아가 본즉 사울이 진영 가운데 누워 자고 창은 머리 곁 땅에 꽂혀 있고 아브넬과 백성들은 그를 둘러 누웠는지라 아비새가 다윗에게 이르되 하나님이 오늘 당신의 원수를 당신의 손에 넘기셨나이다 그러므로 청하오니 내가 창으로 그를 찔러서 단번에 땅에 꽂게 하소서 내가 그를 두 번 찌를 것이 없으리이다 하니 다윗이 아비새에게 이르되 죽이지 말라 누구든지 손을 들어 여호와의 기름 부음 받은 자를 치면 죄가 없겠느냐 하고 다윗이 또 이르되 여호와께서 살아 계심을 두고 맹세하노니 여호와께서 그를 치시리니 혹은 죽을 날이 이르거나 또는 전장에 나가서 망하리라 내가 손을 들어 여호와의 기름 부음 받은 자를 치는 것을 여호와께서 금하시나니 너는 그의 머리 곁에 있는 창과 물병만 가지고 가자 하고 다윗이 사울의 머리 곁에서 창과 물병을 가지고 떠나가되 아무도 보거나 눈치 채지 못하고 깨어 있는 사람도 없었으니 이는 여호와께서 그들에게 깊이 잠들게 하셨으므로 그들이 다 잠들어 있었기 때문이었더라 (삼상 26:1-12)

B. 다윗 왕이 압살롬의 반역으로 예루살렘에서 도망가는 중에 시므이가 심하게 저주하였을 때도 그는 절제하였습니다.

저주하는 가운데 이와 같이 말하니라 피를 흘린 자여 사악한 자여 가거라 가거라 사울의 족속의 모든 피를 여호와께서 네게로 돌리셨도다 그를 이어서 네가 왕이 되었으나 여호와께서 나라를 네 아들 압살롬의 손에 넘기셨도다 보라 너는 피를 흘린 자이므로 화를 자초하였느니라 하는지라 스루야의 아들 아비새가 왕께 여짜오되 이 죽은 개가 어찌 내 주 왕을 저주하리이까 청하건대 내가 건너가서 그의 머리를 베게 하소서 하니 왕이 이르되 스루야의 아들들아 내가 너희와 무슨 상관이 있느냐 그가 저주하는 것은 여호와께서 그에게 다윗을 저주하라 하심이니 네가 어찌 그리하였느냐 할 자가 누구겠느냐 하고 또 다윗이 아비새와 모든 신하들에게 이르되 내 몸에서 난 아들도 내 생명을 해하려 하거든 하물며 이 베냐민 사람이랴 여호와께서 그에게 명령하신 것이니 그가 저주하게 버려두라 혹시 여호와께서 나의 원통함을 감찰하시리니 오늘 그 저주 때문에 여호와께서 선으로 내게 갚아 주시리라 하고 (삼하16:7-12)

(3) 다니엘은 절제를 잘하였습니다

다니엘은 뜻을 정하여 왕의 진미와 그의 마시는 포도주로 자기를 더럽히지 아니하리라 하고 자기를 더럽히지 않게 하기를 환관장에게 구하니(단 1:8)

(4) 예수님께서도 절제하셨습니다

예수님께서 겟세마네에서 기도하신 후 자기를 팔려고 하는 자가 왔을 때 절제하시는 것을 볼 수 있습니다.

말씀하실 때에 열둘 중의 하나인 유다가 왔는데 대제사장들과 백성의 장로들에게서 파송된 큰 무리가 칼과 몽치를 가지고 그와 함께 하였더라 예수를 파는 자가 그들에게 군호를 짜 이르되 내가 입맞추는 자가 그이니 그를 잡으라 한지라 곧 예수께 나아와 랍비여 안녕하시옵니까 하고 입을 맞추니 예수께서 이르시되 친구여 네가 무엇을 하려고 왔는지 행하라 하신대 이에 그들이 나아와 예수께 손을 대어 잡는지라 예수와 함께 있던 자 중의 하나가 손을 펴 칼을 빼어 대제사장의 종을 쳐 그 귀를 떨어뜨리니 이에 예수께서 이르시되 네 칼을 도로 칼집에 꽂으라 칼을 가지는 자는 다 칼로 망하느니라 너는 내가 내 아버지께 구하여 지금 열두 군단 더 되는 천사를 보내시게 할 수 없는 줄로 아느냐 내가 만일 그렇게 하면 이런 일이 있으리라 한 성경이 어떻게 이루어지겠느냐 하시더라 그 때에 예수께서 무리에게 말씀하시되 너희가 강도를 잡는 것 같이 칼과 몽치를 가지고 나를 잡으러 나왔느냐 내가 날마다 성전에 앉아 가르쳤으되 너희가 나를 잡지 아니하였도다 그러나 이렇게 된 것은 다 선지자들의 글을 이루려 함이니라 하시더라 이에 제자들이 다 예수를 버리고 도망하니라(마 26:47-56)

(5) 바울도 절제를 잘하였습니다

내가 내 몸을 쳐 복종하게 함은 내가 남에게 전파한 후에 자기가 도리어 버림이 될까 두려워함이로라(고전 9:27)

3) 절제하지 못할 때 어떤 일이 생기는가?

삶에서 절제하지 못하여 어려운 일들을 많이 경험하는 것을 볼 수 있습니다. 성경에서 대표적인 사람은 삼손으로, 그는 본래 나실인으로 태어났음에도 절제하지 못하여 비참하게 생을 마쳤습니다.

여호와의 사자가 그 여인에게 나타나시고 그에게 이르시되 보라 네가 본래 잉태하지 못하므로 생산치 못하였으나 이제 잉태하여 아들을 낳으리니 그러

> 므로 너는 삼가서 포도주와 독주를 마시지 말찌며 무릇 부정한 것을 먹지 말
> 찌니라 보라 네가 잉태하여 아들을 낳으리니 그 머리에 삭도를 대지 말라 이
> 아이는 태에서 나옴으로부터 하나님께 바치운 나실인이 됨이라 그가 블레셋
> 사람의 손에서 이스라엘을 구원하기 시작하리라(삿 13:3-5)

하나님의 사자가 삼손의 어머니에게 삼손이 나실인으로 살 것을 명령하였지만, 삼손은 절제하지 못하고 들릴라에게 비밀을 알려주어 하나님이 주신 능력을 잃어버렸습니다.

> 들릴라가 삼손에게 이르되 보라 당신이 나를 희롱하여 내게 거짓말을 하였
> 도다 청하건대 무엇으로 당신을 결박할 수 있을는지 이제는 내게 말하라 하
> 니 삼손이 그에게 이르되 만일 쓰지 아니한 새 밧줄들로 나를 결박하면 내가
> 약해져서 다른 사람과 같으리라 하니라 들릴라가 새 밧줄들을 가져다가 그
> 것들로 그를 결박하고 그에게 이르되 삼손이여 블레셋 사람이 당신에게 들
> 이닥쳤느니라 하니 삼손이 팔 위의 줄 끊기를 실을 끊음 같이 하였고 그때에
> 도 사람이 방안에 매복하였더라 들릴라가 삼손에게 이르되 당신이 이때까지
> 나를 희롱하여 내게 거짓말을 하였도다 내가 무엇으로 당신을 결박할 수 있
> 을는지 내게 말하라 하니 삼손이 그에게 이르되 그대가 만일 나의 머리털 일
> 곱 가닥을 베틀의 날실에 섞어 짜면 되리라 하는지라 들릴라가 바디로 그 머
> 리털을 단단히 짜고 그에게 이르되 삼손이여 블레셋 사람들이 당신에게 들
> 이닥쳤느니라 하니 삼손이 잠을 깨어 베틀의 바디와 날실을 다 빼내니라 들
> 릴라가 삼손에게 이르되 당신의 마음이 내게 있지 아니하면서 당신이 어찌
> 나를 사랑한다 하느냐 당신이 이로써 세 번이나 나를 희롱하고 당신의 큰 힘
> 이 무엇으로 말미암아 생기는 지를 내게 말하지 아니하였도다 하며 날마다

그 말로 그를 재촉하여 조르매 삼손의 마음이 번뇌하여 죽을 지경이라 삼손이 진심을 드러내어 그에게 이르되 내 머리 위에는 삭도를 대지 아니하였나니 이는 내가 모태에서부터 하나님의 나실인이 되었음이라 만일 내 머리가 밀리면 내 힘이 내게서 떠나고 나는 약해져서 다른 사람과 같으리라 하니라 들릴라가 삼손이 진심을 다 알려 주므로 사람을 보내어 블레셋 사람들의 방백들을 불러 이르되 삼손이 내게 진심을 알려 주었으니 이제 한 번만 올라오라 하니 블레셋 방백들이 손에 은을 가지고 그 여인에게로 올라오니라 들릴라가 삼손에게 자기 무릎을 베고 자게 하고 사람을 불러 그의 머리털 일곱 가닥을 밀고 괴롭게 하여 본즉 그의 힘이 없어졌더라 들릴라가 이르되 삼손이여 블레셋 사람이 당신에게 들이닥쳤느니라 하니 삼손이 잠을 깨며 이르기를 내가 전과 같이 나가서 몸을 떨치리라 하였으나 여호와께서 이미 자기를 떠나신 줄을 깨닫지 못하였더라 블레셋 사람들이 그를 붙잡아 그의 눈을 빼고 끌고 가사에 내려가 놋 줄로 매고 그에게 옥에서 맷돌을 돌리게 하였더라 (삿 16:10-21)

4) 우리는 일상에서 절제가 필요합니다

우리의 삶에 절제가 구체적으로 요구되는 일이 많습니다.

(1) 먹는 일에도 절제가 필요합니다

네가 관원과 함께 앉아 음식을 먹게 되거든 삼가 네 앞에 있는 자가 누구인지 생각하며 네가 만일 탐식자여든 네 목에 칼을 둘 것이니라 그 진찬을 탐하지 말라 그것은 간사하게 베푼 식물이니라(잠 23:1-3)

> 너는 꿀을 만나거든 족하리만큼 먹으라 과식하므로 토할까 두려우니라(잠 25:16)

(2) 술도 절제가 필요합니다

> 이와 같이 집사들도 단정하고 일구 이언을 하지 아니하고 술에 인박이지 아니하고 더러운 이를 탐하지 아니하고(딤전 3:8)

> 늙은 여자로는 이와 같이 행실이 거룩하며 참소치 말며 많은 술의 종이 되지 말며 선한 것을 가르치는 자들이 되고(딛 2:3)

(3) 성욕에도 절제가 있어야 합니다

> 오직 주 예수 그리스도로 옷 입고 정욕을 위하여 육신의 일을 도모하지 말라(롬 13:14)

> 서로 분방하지 말라 다만 기도할 틈을 얻기 위하여 합의상 얼마 동안은 하되 다시 합하라 이는 너희의 절제 못함을 인하여 사단으로 너희를 시험하지 못하게 하려 함이라 그러나 내가 이 말을 함은 권도요 명령은 아니라 나는 모든 사람이 나와 같기를 원하노라 그러나 각각 하나님께 받은 자기의 은사가 있으니 하나는 이러하고 하나는 저러하니라(고전 7:5-7)

(4) 말에도 절제가 있어야 합니다

> 말이 많으면 허물을 면키 어려우나 그 입술을 제어하는 자는 지혜가 있느니라(잠 10:19)

> 너는 하나님 앞에서 함부로 입을 열지 말며 급한 마음으로 말을 내지 말라 하나님은 하늘에 계시고 너는 땅에 있음이니라 그런즉 마땅히 말을 적게 할 것이라(전 5:2)

> 급한 마음으로 노를 발하지 말라 노는 우매자의 품에 머무름이니라(전 7:9)

> 누구든지 스스로 경건하다 생각하며 자기 혀를 재갈 먹이지 아니하고 자기 마음을 속이면 이 사람의 경건은 헛것이라(약 1:26)

(5) 물건을 살 때도 바른 절제가 필요합니다

물건을 살 때도 싸다고 충동적으로 사지 말고 절제해야 합니다.

(6) 운동과 TV, 비디오, 동영상, 컴퓨터 게임 등 많은 부분에서 절제가 있어야 합니다

(7) 모든 일에 절제가 있어야 합니다

> 이기기를 다투는 자마다 모든 일에 절제하나니 저희는 썩을 면류관을 얻고자 하되 우리는 썩지 아니할 것을 얻고자 하노라(고전 9:25)

절제는 나쁜 습관과 건강을 해치는 음식에 대한 것까지도 포함됩니

다. 절제를 잘하는 사람이 하나님의 성품에 참여할 수 있을 뿐만 아니라 승리하는 삶을 살 수 있습니다. 성경은 절제를 잘하는 사람에게 놀라운 능력이 있음을 언급합니다.

> 노하기를 더디하는 자는 용사보다 낫고 자기의 마음을 다스리는 자는 성을 빼앗는 자보다 나으니라(잠 16:32)

말세를 살아가는 우리는 어느 때보다 절제가 필요합니다.

> 무정하며 원통함을 풀지 아니하며 참소하며 절제하지 못하며 사나우며 선한 것을 좋아 아니하며(딤후 3:3)

우리는 우리의 본능적인 삶에서 좋은 것들, 고기와 술, 옷, 잠, 오락, 그리고 명예와 같은 것들을 바라고 또 그것들을 이용하는데 있어서 이를 절제하지 않으면 안 됩니다. 이러한 것들에 대한 과도한 욕망은 하나님과 예수 그리스도를 따르고자 하는 생각과는 상치되는 것입니다. 그러므로 우리는 지식에 "절제"를 더해야 합니다. 이 세상에 속한 여러 물질을 사랑하고 그것들을 사용하는 데 온전하고도 온당한 위치를 지켜야 합니다. 올바른 절제로 하나님의 성품과 하나님의 뜻대로 살아서 하나님을 기쁘게 하는 삶을 살아야 합니다.

신의 성품에 참여하는 다섯 번째는 **인내**입니다

지식에 절제를 절제에 인내를 인내에 경건을(벧후 1:6)

하나님께서는 사람을 창조하셨을 때 자기의 형상대로 창조하셨습니다. 우리는 하나님의 형상으로 지음을 받았기 때문에 하나님의 성품에 참여하는 자가 되어야 합니다. 하나님의 성품에 참여하는 자가 되기 위한 첫 번째 단계는 믿음, 두 번째는 덕, 세 번째는 지식, 네 번째는 절제, 다섯 번째는 인내입니다. 절제를 위해서는 인내가 필요합니다.

하나님의 성품에는 인내가 있습니다. 하나님께서는 이스라엘 백성을 애굽에서 인도하여 내셨습니다. 그러나 백성은 광야에서 하나님을 원망하였습니다. 이때 하나님은 그들의 소행을 참으셨습니다.

이 이스라엘 백성의 하나님이 우리 조상들을 택하시고 애굽 땅에서 나그네

> 된 그 백성을 높여 큰 권능으로 인도하여 내사 광야에서 약 사십 년간 그들의 소행을 참으시고 가나안 땅 일곱 족속을 멸하사 그 땅을 기업으로 주시기까지 약 사백오십 년간이라(행 13:17-19)

마헤쉬 차브다 목사님은 인내가 그리스도인에게 얼마나 중요한 것인지를 다음과 같이 말했습니다.

> '오래 참음'은 영적 전투에서 중요한 요소다. 사탄의 전략은 성도를 지치게 만드는 것이다. 장차 일어날 싸움에서 끝까지 견디고자 한다면, 우리 곧 하나님의 군병들은 오래 참음, 인내, 끈기의 훈련을 받아야만 할 것이다. 그리고 무엇보다도 우리는 뒤돌아서지 말아야 한다. 원수의 모든 악한 일을 파멸할 때까지 물러서지도 말아야 한다.

우리가 믿음으로 살 때 인내가 있어야 합니다. "이는 너희 믿음의 시련이 인내를 만들어 내는 줄 너희가 앎이라"(약 1:3).

1) 인내란 무엇인가?

인내(참고 견딤)는 헬라어 '마크로디우마이어'($\mu\alpha\kappa\rho\sigma\theta\upsilon\mu\iota\alpha$, makrothumia), 영어로 Patience, Endurance로 어려운 고비를 잘 견디어 내는 일, 참고 견딤, 참음 등으로 쓰이고 있습니다. 인내는 그저 단순한 참을성이 아니라, 고난에 굴복하지 않고 끊임없이 전진하는 역동적인 견고함을 뜻합니다. 이러한 인내는 감정이나 지성에 머물지 않고 의지까지도 조절하게 하여 모든 일에 실수함이나 과함이 없도록 만듭니다.

2) 성경에서 인내의 본을 보인 믿음의 선진들은 누구인가?

성경에는 인내의 본을 보인 많은 믿음의 선진이 있습니다.

아브라함

> 하나님이 아브라함에게 약속하실 때에 가리켜 맹세할 자가 자기보다 더 큰 이가 없으므로 자기를 가리켜 맹세하여 가라사대 내가 반드시 너를 복 주고 복 주며 너를 번성케 하고 번성케 하리라 하셨더니 저가 이같이 오래 참아 약속을 받았느니라(히 6:13-15)

아브라함은 하나님의 약속을 인내하고 기다려서 이십오 년 후에 약속의 자녀인 이삭을 받았습니다.

엘리야

엘리야 선지자는 인내하는 자의 증인 가운데 한 사람입니다. 엘리야는 비오기를 기도하고 손바닥만 한 구름이 하늘 저편에 걸려 있다는 말을 듣고는 가뭄이 끝날 것이라 믿고 오래 참았습니다. 그 인내 후에 마침내 비가 내렸습니다.

> 엘리야가 아합에게 이르되 올라가서 먹고 마시소서 큰 비 소리가 있나이다 아합이 먹고 마시러 올라가니라 엘리야가 갈멜 산 꼭대기로 올라가서 땅에 꿇어 엎드려 그의 얼굴을 무릎 사이에 넣고 그의 사환에게 이르되 올라가 바

다쪽을 바라보라 그가 올라가 바라보고 말하되 아무것도 없나이다 이르되 일곱 번까지 다시 가라 일곱 번째 이르러서는 그가 말하되 바다에서 사람의 손만 한 작은 구름이 일어나나이다 이르되 올라가 아합에게 말하기를 비에 막히지 아니하도록 마차를 갖추고 내려가소서 하라 하니라 조금 후에 구름과 바람이 일어나서 하늘이 캄캄해지며 큰 비가 내리는지라 아합이 마차를 타고 이스르엘로 가니 여호와의 능력이 엘리야에게 임하매 그가 허리를 동이고 이스르엘로 들어가는 곳까지 아합 앞에서 달려갔더라(왕상 18:41-46)

엘리야는 비가 내리도록 기도를 하였는데 즉시 응답이 되어 비가 온 것은 아니었습니다. 그때 실망하거나 포기하지 않고 인내하여 계속 기도하였습니다. 그 결과 비가 내리는 응답을 받았습니다.

시므온

예루살렘에 시므온이라 하는 사람이 있으니 이 사람이 의롭고 경건하여 이스라엘의 위로를 기다리는 자라 성령이 그 위에 계시더라(눅 2:25)

바울

나의 교훈과 행실과 의향과 믿음과 오래 참음과 사랑과 인내와 핍박과 고난과 또한 안디옥과 이고니온과 루스드라에서 당한 일과 어떠한 핍박받은 것을 네가 과연 보고 알았거니와 주께서 이 모든 것 가운데서 나를 건지셨느니라(딤후 3:10-11)

사도 요한

나 요한은 너희 형제요 예수의 환난과 나라와 참음에 동참하는 자라 하나님의 말씀과 예수의 증거를 인하여 밧모라 하는 섬에 있었더니(계 1:9)

예수님

예수님께서는 겟세마네에서 기도하실 때 제자들에게도 참으시고 하나님의 뜻에도 인내로써 순종하셨습니다.

이에 예수께서 제자들과 함께 겟세마네라 하는 곳에 이르러 제자들에게 이르시되 내가 저기 가서 기도할 동안에 너희는 여기 앉아 있으라 하시고 베드로와 세베대의 두 아들을 데리고 가실새 고민하고 슬퍼하사 이에 말씀하시되 내 마음이 매우 고민하여 죽게 되었으니 너희는 여기 머물러 나와 함께 깨어 있으라 하시고 조금 나아가사 얼굴을 땅에 대시고 엎드려 기도하여 이르시되 내 아버지여 만일 할 만하시거든 이 잔을 내게서 지나가게 하옵소서 그러나 나의 원대로 마시옵고 아버지의 원대로 하옵소서 하시고 제자들에게 오사 그 자는 것을 보시고 베드로에게 말씀하시되 너희가 나와 함께 한 시간도 이렇게 깨어 있을 수 없더냐 시험에 들지 않게 깨어 기도하라 마음에는 원이로되 육신이 약하도다 하시고 다시 두 번째 나아가 기도하여 이르시되 내 아버지여 만일 내가 마시지 않고는 이 잔이 내게서 지나갈 수 없거든 아버지의 원대로 되기를 원하나이다 하시고 다시 오사 보신즉 그들이 자니 이는 그들의 눈이 피곤함일러라 또 그들을 두시고 나아가 세 번째 같은 말씀으로 기도하신 후에 제자들에게 오사 이르시되 이제는 자고 쉬라 보라 때가 가까이 왔으니 인자가 죄인의 손에 팔리느니라 일어나라 함께 가자 보라 나를 파

는 자가 가까이 왔느니라(마 26:36-46)

3) 우리가 인내해야 할 것이 무엇인가?
성경에서는 성도들이 인내해야 할 것을 가르쳐 줍니다.

(1) 인내는 환난 중에도 참고 견디는 것입니다

> 다만 이뿐 아니라 우리가 환난 중에도 즐거워하나니 이는 환난은 내를 인내는 연단을 연단은 소망을 이루는 줄 앎이니라(롬 5:3-4)

> 소망 중에 즐거워하며 환난 중에 참으며 기도에 항상 힘쓰며(롬 12:12)

> 모든 겸손과 온유로 하고 오래 참음으로 사랑 가운데서 서로 용납하고(엡 4:2)

> 너희의 믿음의 역사와 사랑의 수고와 우리 주 예수 그리스도에 대한 소망의 인내를 우리 하나님 아버지 앞에서 쉬지 않고 기억함이니(살전 1:3)

> 그리고 너희의 참는 모든 핍박과 환난 중에서 너희 인내와 믿음을 인하여 하나님의 여러 교회에서 우리가 친히 자랑함이라(살후 1:4)

> 애매히 고난을 받아도 하나님을 생각함으로 슬픔을 참으면 이는 아름다우나 죄가 있어 매를 맞고 참으면 무슨 칭찬이 있으리요 오직 선을 행함으로 고난을 받고 참으면 이는 하나님 앞에 아름다우니라 이를 위하여 너희가 부르심

> 을 입었으니 그리스도도 너희를 위하여 고난을 받으사 너희에게 본을 끼쳐 그 자취를 따라오게 하려 하셨느니라(벧전 2:19-21)

> 사로잡는 자는 사로잡힐 것이요 칼에 죽이는 자는 자기도 마땅히 칼에 죽으리니 성도들의 인내와 믿음이 여기 있느니라(계 13:10)

우리는 환난과 핍박을 당한다 해도 예수 그리스도를 생각하며 잘 참고 견뎌야 합니다.

(2) 하나님의 능력을 신뢰하며 용기를 지니고서 견뎌내야 합니다

> 오직 너 하나님의 사람아 이것들을 피하고 의와 경건과 믿음과 사랑과 인내와 온유를 따르며(딤전 6:11)

> 너희의 믿음의 역사와 사랑의 수고와 우리 주 예수 그리스도에 대한 소망의 인내를 우리 하나님 아버지 앞에서 끊임없이 기억함이니(살전 1:3)

> 성도들의 인내가 여기 있나니 저희는 하나님의 계명과 예수 믿음을 지키는 자니라(계 14:12)

성도들의 인내는 하나님의 계명과 예수님을 향한 믿음을 지키는 것입니다. 우리가 인내할 수 있는 것은 하나님의 말씀을 지키고 예수님을 바라보기 때문입니다.

(3) 유혹을 당한 대도 능히 감당할 시험밖에 주시지 않는 하나님을 생각해야 합니다

> 사람이 감당할 시험밖에는 너희에게 당한 것이 없나니 오직 하나님은 미쁘사 너희가 감당치 못할 시험 당함을 허락지 아니하시고 시험당할 즈음에 또한 피할 길을 내사 너희로 능히 감당하게 하시느니라(고전 10:13)

(4) 인내는 더욱 소망을 가지고서 주 예수의 재림을 대망할 것입니다

> 너희의 믿음의 역사와 사랑의 수고와 우리 주 예수 그리스도에 대한 소망의 인내를 우리 하나님 아버지 앞에서 쉬지 않고 기억함이니(살전 1:3)

> 그러므로 형제들아 주의 강림하시기까지 길이 참으라 보라 농부가 땅에서 나는 귀한 열매를 바라고 길이 참아 이른 비와 늦은 비를 기다리나니(약 5:7)

우리가 인내할 수 있는 것은 주 예수님에 대한 소망과 예수님의 재림을 믿음으로 가능합니다. 그리고 하늘나라에서 주시는 상급을 바라보기 때문입니다.

4) 하나님께서 인내하는 자에게 주시는 것이 무엇인가?

하나님께서는 인내하는 사람에게 보상과 축복을 주십니다(히 10:36, 고전 9:24, 약 5:12).

너희에게 인내가 필요함은 너희가 하나님의 뜻을 행한 후에 약속을 받기 위함이라(히 10:36)

운동장에서 달음질하는 자들이 다 달아날지라도 오직 상 얻는 자는 하나인 줄을 너희가 알지 못하느냐 너희도 얻도록 이와 같이 달음질하라(고전 9:24)

시험을 참는 자는 복이 있도다 이것에 옳다 인정하심을 받은 후에 주께서 자기를 사랑하는 자들에게 약속하신 생명의 면류관을 얻을 것임이니라(약 1:12)

성경에서 인내하여 복을 받은 대표적인 사람들은 다음과 같습니다.

요셉

요셉의 형제들이 그들의 아버지가 죽었음을 보고 말하되 요셉이 혹시 우리를 미워하여 우리가 그에게 행한 모든 악을 다 갚지나 아니할까 하고 요셉에게 말을 전하여 이르되 당신의 아버지가 돌아가시기 전에 명령하여 이르시기를 너희는 이같이 요셉에게 이르라 네 형들이 네게 악을 행하였을지라도 이제 바라건대 그들의 허물과 죄를 용서하라 하셨나니 당신 아버지의 하나님의 종들인 우리 죄를 이제 용서하소서 하매 요셉이 그들이 그에게 하는 말을 들을 때에 울었더라 그의 형들이 또 친히 와서 요셉의 앞에 엎드려 이르되 우리는 당신의 종들이니이다 요셉이 그들에게 이르되 두려워하지 마소서 내가 하나님을 대신 하리이까 당신들은 나를 해하려 하였으나 하나님은 그것

을 선으로 바꾸사 오늘과 같이 많은 백성의 생명을 구원하게 하시려 하셨나
니 당신들은 두려워하지 마소서 내가 당신들과 당신들의 자녀를 기르리이다
하고 그들을 간곡한 말로 위로하였더라(창 50:15-21)

요셉은 꿈의 이야기를 형들에게 해서 형들의 시기와 질투를 받아 여러 가지 어려움을 당하였으나 인내로 통과하였습니다. 구덩이에 던져짐, 노예로 팔림, 감옥 생활, 양식을 구하러 온 형님들을 만났을 때, 아버지 야곱이 죽었을 때 등 이 모든 여정을 항상 인내로 감당하였습니다. 특별히 하나님이 주신 꿈이 성취되는 것을 십삼 년이나 인내하였습니다. 그리고 형제들에게도 인내하였습니다. 그 결과로 받은 축복은 놀라운 것이었습니다. 아버지 야곱을 통해서 예언의 축복을 받았습니다.

요셉은 무성한 가지 곧 샘 곁의 무성한 가지라 그 가지가 담을 넘었도다 활쏘는 자가 그를 학대하며 적개심을 가지고 그를 쏘았으나 요셉의 활은 도리어 굳세며 그의 팔은 힘이 있으니 이는 야곱의 전능자 이스라엘의 반석인 목자의 손을 힘입음이라 네 아버지의 하나님께로 말미암나니 그가 너를 도우실 것이요 전능자로 말미암나니 그가 네게 복을 주실 것이라 위로 하늘의 복과 아래로 깊은 샘의 복과 젖먹이는 복과 태의 복이리로다 네 아버지의 축복이 내 선조의 축복보다 나아서 영원한 산이 한 없음 같이 이 축복이 요셉의 머리로 돌아오며 그 형제 중 뛰어난 자의 정수리로 돌아오리로다(창 49:22-26)

욥

야고보 사도는 인내한 욥이 받은 축복을 설명합니다.

> 보라 인내하는 자를 우리가 복되다 하나니 너희가 욥의 인내를 들었고 주께서 주신 결말을 보았거니와 주는 가장 자비하시고 긍휼히 여기는 자시니라 (약 5:11)

욥은 하나님을 경외하는 자로 물질적인 부요함을 누렸습니다. 이때 사단은 욥이 하나님을 경외하는 것은 물질적인 부요함 때문일 것이라 말했습니다. 이에 하나님은 사단에게 욥을 시험하도록 허락하였습니다. 사단은 욥의 재물과 자녀들을 멸하였습니다. 그러나 욥은 이러한 끔찍한 재앙을 당하고도 하나님을 원망하지 않는 순전한 믿음을 고백하였습니다.

> 가로되 내가 모태에서 적신이 나왔사온즉 또한 적신이 그리로 돌아가올지라 주신 자도 여호와시요 취하신 자도 여호와시오니 여호와의 이름이 찬송을 받으실지니이다 하고 이 모든 일에 욥이 범죄하지 아니하고 하나님을 향하여 어리석게 원망하지 아니하니라(욥 1:21-22)

> 그가 이르되 그대의 말이 어리석은 여자 중 하나의 말 같도다 우리가 하나님께 복을 받았은즉 재앙도 받지 아니하겠느뇨 하고 이 모든 일에 욥이 입술로 범죄치 아니하니라(욥 2:10)

욥의 경우에서 여러 가지 종류의 불행과 슬픔을 볼 수 있습니다. 그러나 욥은 그 모든 고통 가운데서도 하나님을 찬양하고, 그의 영혼은 꾸준히 인내하며 겸손하였습니다. 그 결과로 그는 마침내 무엇을 얻었습니까? 욥기서의 마지막 장을 보면 욥이 축복을 받은 것을 볼 수 있습니다.

> 욥이 그의 친구들을 위하여 기도할 때 여호와께서 욥의 곤경을 돌이키시고 여호와께서 욥에게 이전 모든 소유보다 갑절이나 주신지라 이에 그의 모든 형제와 자매와 이전에 알던 이들이 다 와서 그의 집에서 그와 함께 음식을 먹고 여호와께서 그에게 내리신 모든 재앙에 관하여 그를 위하여 슬퍼하며 위로하고 각각 케쉬타 하나씩과 금 고리 하나씩을 주었더라 여호와께서 욥의 말년에 욥에게 처음보다 더 복을 주시니 그가 양 만 사천과 낙타 육천과 소 천 겨리와 암나귀 천을 두었고 또 아들 일곱과 딸 셋을 두었으며 그가 첫째 딸은 여미마라 이름하였고 둘째 딸은 굿시아라 이름하였고 셋째 딸은 게렌합북이라 이름하였으니 모든 땅에서 욥의 딸들처럼 아리따운 여자가 없었더라 그들의 아버지가 그들에게 그들의 오라비들처럼 기업을 주었더라 그 후에 욥이 백사십 년을 살며 아들과 손자 사 대를 보았고 욥이 늙어 나이가 차서 죽었더라(욥 42:10-17)

고난을 참는 최선의 길은 그 고난의 마지막을 바라보는 것입니다. 그리고 자비하신 하나님은 그의 목적에 합치될 때 그 고난을 지체 없이 끝나게 해 주십니다. 우리를 긍휼히 여기시는 하나님은 그의 백성이 당하는 모든 고통과 환난에 대해 충분한 보상을 주십니다. 우리는 주님의 나라에서 면류관을 받을 것을 믿고 어떤 상황 가운데서도 하나님을 섬기며 우리의 시련을 참고 견디어야 합니다.

우리는 신앙생활뿐만 아니라 가정생활에서도 인내할 때 행복하게 살 수 있습니다. 탈무드 유머 중에서 인내의 교훈을 주는 것을 소개합니다.

잘 살던 부부가 의견 충돌로 이혼하기로 합의하였습니다. 모든 것을 공평하게 반씩 나누어 갖기로 하였습니다. 은행에서 돈을 찾아 반씩 나누었습니다. 땅도 반씩 나누었습니다. 집도 팔아서 반씩 나누었습니다. 그런데 문제가 생겼습니다. 자녀가 열한 명이었습니다. 서로 많은 자녀를 맡겠다고 주장하였습니다. 도저히 타협이 되지 않았습니다. 랍비에게 나누어 달라고 요청하였습니다. 랍비가 말했습니다.
"하나 더 낳을 때까지 살아라"
부부는 랍비 말을 듣고 집으로 달려갔습니다.
"빨리 아이를 만들어 이혼하자."
집으로 오자마자 그들은 침대로 들어갔습니다. 얼마 후 쌍둥이를 낳았습니다. 부부는 하나님의 뜻을 해석하였습니다.
"이혼하지 말고 살라는 뜻이다."
그 후 이들은 행복하게 살았습니다.

요즈음 우리의 삶에서는 그 어느 때보다 인내가 필요합니다. 절제에 인내를 더해야 합니다. 그것은 모든 것을 "온전하게 이루게" 하는 것입니다. 히브리서 저자의 권면대로 믿음의 증인처럼 인내로써 인생의 경주에서 승리하는 삶을 살아가야 합니다.

이러므로 우리에게 구름같이 둘러싼 허다한 증인들이 있으니 모든 무거운 것과 얽매이기 쉬운 죄를 벗어 버리고 인내로써 우리 앞에 당한 경주를 하며 믿음의 주요 또 온전하게 하시는 이인 예수를 바라보자 그는 그 앞에 있는 기쁨을 위하여 십자가를 참으사 부끄러움을 개의치 아니하시더니 하나님 보좌 우편에 앉으셨느니라 너희가 피곤하여 낙심하지 않기 위하여 죄인들이 이같

이 자기에게 거역한 일을 참으신 이를 생각하라(히 12:1-3)

우리들도 믿음으로 기도하고 성급함을 절제하고 인내로써 경주하여 하나님의 능력을 경험할 뿐 아니라 인내하는 자의 축복을 받아야 합니다.

제6장 경건

신의 성품에 참여하는 여섯 번째는
경건입니다

지식에 절제를 절제에 인내를 인내에 경건을(벧후 1:6)

신의 성품에 참여하려면 믿음에 덕을, 덕에 지식을, 지식에 절제를, 절제에 인내를, 인내에 경건을 더해야 합니다. 강인한 인내에 경건의 미덕이 공급되어야 비로소 성도는 성결 생활의 본모습에 들어가는 것입니다.

1) 경건의 뜻은 무엇인가?

경건(敬虔)은 헬라어로 '유세베이아'($\epsilon\nu\sigma\epsilon\beta\epsilon\iota\alpha$, eusebeia)입니다. 일반적으로 유세베이아는 사람이나 하나님께 대한 '경건, 공경'을 뜻하지만, 그리스도인의 유세베이아는 '데오세베이아' (하나님을 공경)처럼 하나님에 대해서만 사용됩니다.

유세베이아는 영어 흠정역 성경(AV)에는 '거룩함'(holiness)이라고 했고, 영어 개역 표준 성경(RSV)에는 '경건'(piety)이라고 하였습니다. 유세비우스(Eusebius, Praep. Evang. i. p. 3)는 유세베이아를 정의하기를, "하나님을 우러러보는 것과 그에게 적절한 삶"이라고 했습니다.

경건의 정의는 하나님에 대한 올바른 태도와 그것에 합당한 올바른 행동을 수반하는 올바른 신앙입니다. 경건의 의미는 절대자인 하나님께 자기의 전부를 드리려고 따르는, 절대 귀의의 감정과 의지로 "하나님을 예배하는 일"을 의미합니다. 인내가 강인함, 견고함, 자제력을 의미한다면 경건은 깨끗함, 순결함을 의미합니다.

하나님께서는 경건한 생활을 하는 것이 얼마나 중요한 것인지를 요한복음 9장 31절에서 가르쳐 주었습니다. "하나님이 죄인을 듣지 아니하시고 경건하여 그의 뜻대로 행하는 자는 들으시는 줄을 우리가 아나이다."

2) 경건의 생활이란 무엇인가?

(1) 하나님께 자기를 맡기는 마음과 하나님을 기쁘시게 하려는 생활입니다(요 9:31)

> 너희는 이 세대를 본받지 말고 오직 마음을 새롭게 함으로 변화를 받아 하나님의 선하시고 기뻐하시고 온전하신 뜻이 무엇인지 분별하도록 하라(롬 12:2)

> 마음을 같이하여 같은 사랑을 가지고 뜻을 합하며 한 마음을 품어 아무 일에든지 다툼이나 허영으로 하지 말고 오직 겸손한 마음으로 각각 자기보다 남을 낫게 여기고 각각 자기 일을 돌볼뿐더러 또한 각각 다른 사람들의 일을 돌보아 나의 기쁨을 충만하게 하라 너희 안에 이 마음을 품으라 곧 그리스도 예수의 마음이니(빌 2:2-5)

하나님을 기쁘게 하는 것이 경건한 생활입니다.

(2) 경건한 생활은 세속적인 욕망을 버리고, 하나님의 뜻대로 살아가는 것입니다

> 망령되고 허탄한 신화를 버리고 오직 경건에 이르기를 연습하라 육체의 연습은 약간의 유익이 있으나 경건은 범사에 유익하니 금생과 내생에 약속이 있느니라(딤전 4:7-8)

> 공허한 이론과 저속한 신화나 전설을 가지고 논쟁을 하면서 시간을 낭비하지 마시오. 그대의 시간과 힘을 영적인 성장을 훈련하는 데 사용하시오. 육체의 훈련도 좋지만 경건하게 살고자 노력하는 것이 훨씬 더 중요합니다. 그러므로 경건한 생활 태도를 몸에 익혀 더 훌륭한 그리스도인이 되도록 노력하시오. 이것은 이 땅 위의 생활뿐 아니라 오는 세상의 생활에도 도움이 되는 것입니다(딤전 4:7-8 현대어 성경)

(3) 경건하게 산다는 것은 진리 안에 자족하는 마음과 경건의 능력을 인정하며 사는 것입니다(딤전 6:5-6)

> 마음이 부패하여지고 진리를 잃어버려 경건을 이익의 재료로 생각하는 자들의 다툼이 일어나느니라 그러나 자족하는 마음이 있으면 경건이 큰 이익이 되느니라(딤전 6:5-6)

> 그리고 마음이 썩고 진리를 잃어서, 경건을 이득의 수단으로 생각하는 사람 사이에 끊임없는 알력이 생깁니다(c. 다른 고대 사본들에는 '그런 사람들과는 상종을 하지 말아야 합니다' 가 더 있음) 자족할 줄 아는 사람에게는 경건이 큰 이득을 줍니다(표준새번역)

바울은 경건의 모양은 있으나 경건의 능력을 부인하는 자에게서 돌아서라고 명령합니다.

> 경건의 모양은 있으나 경건의 능력은 부인하는 자니 이같은 자들에게서 네가 돌아서라(딤후 3:5)

매튜 헨리(Matthew Henry) 주석가는 경건의 모양을 가진 사람과 경건의 능력을 부인하는 자에 대하여 다음과 같이 설명합니다.

> 그리스도인이라고 불리우는 사람 가운데 "경건의 모양을" 가지고 있는 사람이 있다. 이들은 그리스도인이라는 이름으로 불리우고 기독교를 믿는 것으로 간주되어 세례를 받고 신앙 고백도 한다. 그러나 그들의 경건의 모양이 그럴 듯할지라도 사실은 경건의 능력을 부인하는 자들이다. 경건의 모양에는 경건의 능력이 따라야 마땅한 것이다. 그러나 그들은 하나님께서 함께 있게 하신 자들 중에서 경건의 능력은 잘라 떼어버린다…그들은 죄를 제거해

주는 경건의 능력에는 순종하지 않는다. 우리는 여기서 다음의 것을 볼 수 있다.

사람들이 신앙 고백을 했을지라도 대단히 나쁘고 사악할 수가 있다는 것이다. 그들은 자기 자신을 사랑한다. 그러면서도 경건의 모양은 지닌다.

경건의 형태는 경건의 능력과는 대단히 큰 차이가 있는 것이다. 경건의 형태는 있다고 할지라도 능력이 결핍된 경우도 있는 것이다. 그렇다 그들은 능력을 부인한다. 특히 그들은 생활 가운데서 경건의 능력을 실행하지 않는다. 이러한 악으로부터 선한 그리스도인은 돌아서야만 할 것이다.

(4) 경건한 생활은 성령이 함께하시면서 성령의 지시함을 받아 사는 것입니다

> 만일 우리가 성령으로 살면 또한 성령으로 행할지니(갈 5:25)

> 자기의 육체를 위하여 심는 자는 육체로부터 썩어진 것을 거두고 성령을 위하여 심는 자는 성령으로부터 영생을 거두리라(갈 6:8)

> 그의 계명들을 지키는 자는 주 안에 거하고 주는 저 안에 거하시나니 우리에게 주신 성령으로 말미암아 그가 우리 안에 거하시는 줄을 우리가 아느니라(요일 3:24)

> 그의 성령을 우리에게 주시므로 우리가 그 안에 거하고 그가 우리 안에 거하시는 줄을 아느니라(요일 4:13)

(5) 경건한 생활은 거룩한 믿음 위에 자기를 건축하고 성령으로 기도하는 것입니다

> 그러면 어떻게 할꼬 내가 영으로 기도하고 또 마음으로 기도하며 내가 영으로 찬미하고 또 마음으로 찬미하리라(고전 14:15)

여기서 알아야 할 것은 경건한 기도는 "주여, 주여" 하면서 바리새인 종교인처럼 기도하는 것이 아니라 성령의 인도함을 받아 성령으로 기도하는 것이라는 점입니다.

3) 참된 경건과 헛된 경건은 어떤 것인가?

(1) 참된 경건이란?
참된 경건한 생활은 혀를 잘 다스리는 것과 마음을 속이지 않으며 고아와 과부를 환난 중에 돌보며 자기를 세속에 물들지 않도록 하는 것입니다.

> 누구든지 스스로 경건하다 생각하며 자기 혀를 재갈 먹이지 아니하고 자기 마음을 속이면 이 사람의 경건은 헛것이라 하나님 아버지 앞에서 정결하고 더러움이 없는 경건은 곧 고아와 과부를 그 환난 중에 돌아보고 또 자기를 지켜 세속에 물들지 아니하는 이것이니라 하나님 아버지 앞에서 정결하고 더러움이 없는 경건은 곧 고아와 과부를 그 환난 중에 돌아보고 또 자기를 지켜 세속에 물들지 아니하는 이것이니라(약 1:26-27)

야고보 사도는 참된 경건, 하나님의 인정을 받는 경건에 대하여 여기서 분명하게 선언하였습니다.

첫째, 경건함이 영광을 얻게 되는 것은 순결하고 깨끗하며 인간적 생각이나 세상의 부패에 물들지 않았을 때입니다. 즉 거룩한 생활과 자비로운 마음은 참된 경건의 모습입니다.

둘째, 하나님 아버지 앞에서 순수하고 더러움 없는 경건이야말로 진실로 순수하고 정결한 경건입니다. 참된 경건은 우리로 하여금 하나님의 임재 안에서 하듯이 모든 일을 행하도록 가르치며 모든 행위 가운데서 하나님의 은총을 구하고 그를 기쁘시게 하는 것입니다.

셋째, 참경건이 지니고 있는 가장 중요하고 필연적인 부분은 가난한 자와 슬픔 당한 자들에 대한 동정과 사랑입니다. 즉 그것은 "고아와 과부를 그 환난 중에 돌아보는 것입니다"(약 1:27).

넷째, 경건한 생활은 거짓 없는 사랑과 자비를 동반하는 것입니다. 즉 "자기를 지켜 세속에 물들지 아니하는 이것이니라"(약 1:27). 세상은 우리의 영혼을 더럽히고 해하기 쉬워서 그 안에서 산다는 것은 만만치 않습니다. 그러나 우리는 그 속에서 살아야 하되 세상에 물들어 더럽혀져서는 안됩니다.

요한은 우리가 사랑해서는 안 되는 세상적인 것을 세 가지로 요약하였습니다. 그것은 육신의 욕망과 눈의 탐욕과 생활의 자만이며 이 모든 것에서 우리를 지키는 길은 이 세상으로부터 우리 자신을 정결하고 깨끗하게 지켜달라고 주님께 구하는 것입니다.

(2) 헛된 경건이란 무엇인가?

"누구든지 스스로 경건하다 생각하며 자기 혀를 재갈 먹이지 아니하고 자기 마음을 속이면 이 사람의 경건은 헛것이라"(약 1: 26). 여기서 헛된 경건은 세 가지 내용으로 요약할 수 있습니다.

첫째, 헛된 경건에는 다른 사람들의 눈에 종교적으로 보이게 하는 것들과 매력적인 것들이 많이 있습니다. 인간들이 경건의 모양만 본따고 진실로 경건의 능력은 가지지 않았을 때에 신앙을 헛되이 만들 가능성이 있다는 것입니다.

둘째, 헛된 경건은 다른 사람들을 비난하고 욕하고 깎아내리는 일들을 자주 합니다. 이것은 혀를 재갈 먹이지 않는 악을 삼가지 못하는 것을 의미합니다. 다른 사람의 잘못을 말하거나 비난하거나 경건함을 깎아내려서 자기를 좀 더 현명하고 선하게 보이게 하는 것은 헛된 경건을 지니고 있다는 증거입니다. 남을 깎아내리는 혀를 가진 사람은 참으로 겸손하고 덕 있는 마음을 가질 수 없습니다. 그러므로 비난은 그 사람이 아직도 성장하지 못하고 인간의 본성 그대로의 상태에 머물러 있다는 것을 증명합니다. 야고보 사도는 재갈 먹이지 않은 혀는 의심할 바 없이 헛된 경건의 분명한 증거라고 말한 것입니다.

셋째, 헛된 경건은 인간으로 하여금 자신의 마음까지 기만하게 합니다. 그런 사람은 타인을 깎아내리는 짓을 계속하고 자신을 본질과 다른 사람처럼 보이게 하려고 노력하며 마침내는 자신의 영혼을 기만함으로 자기의 경건의 헛됨을 극치에 이르게 합니다.

참된 경건한 생활과 헛된 경건한 생활을 바로 알고 경건한 삶으로 하나님을 기쁘게 하는 삶을 살아야 합니다.

4) 성경에서 경건한 사람으로 인정받은 사람은 누구인가?

시므온

성경에서 경건한 사람이라고 인정받은 사람은 시므온이었습니다. 그는 의롭고 경건한 생활을 하였습니다.

> 예루살렘에 시므온이라 하는 사람이 있으니 이 사람은 의롭고 경건하여 이스라엘의 위로를 기다리는 자라 성령이 그 위에 계시더라 그가 주의 그리스도를 보기 전에는 죽지 아니하리라 하는 성령의 지시를 받았더니 성령의 감동으로 성전에 들어가매 마침 부모가 율법의 관례대로 행하고자 하여 그 아기 예수를 데리고 오는지라 시므온이 아기를 안고 하나님을 찬송하여 이르되 주재여 이제는 말씀하신 대로 종을 평안히 놓아 주시는도다 내 눈이 주의 구원을 보았사오니 이는 만민 앞에 예비하신 것이요 이방을 비추는 빛이요 주의 백성 이스라엘의 영광이니이다 하니 그의 부모가 그에 대한 말들을 놀랍게 여기더라 시므온이 그들에게 축복하고 그의 어머니 마리아에게 말하여 이르되 보라 이는 이스라엘 중 많은 사람을 패하거나 흥하게 하며 비방을 받는 표적이 되기 위하여 세움을 받았고 또 칼이 네 마음을 찌르듯 하리니 이는 여러 사람의 마음의 생각을 드러내려 함이니라 하더라(눅 2:25-35)

시므온은 인격과 영적으로 본이 되는 신앙생활을 하였습니다. 그에게서 여러 가지를 배울 수 있습니다.

* 시므온은 의롭고 경건하여 하나님과 교제를 나눈 사람입니다.

> 예루살렘에 시므온이라 하는 사람이 있으니 이 사람은 의롭고 경건하여…
> (눅 2:25)

* 시므온은 메시아의 도래를 기다린 사람입니다.

그는 이스라엘의 위로를 기다렸습니다. 즉 메시아의 도래를 기다린 것으로, 오직 그분만이 지금 학대받고 있는 이스라엘 민족을 위로할 수 있다고 믿었습니다. 그는 메시아이신 예수 그리스도가 자기 백성에게 위로를 주는 근원이심을 믿고 그의 도래를 끊임없이 기다리고 소망하며 인내하였습니다.

* 시므온에게는 성령이 임하였습니다.

시므온에게는 성결의 영으로서 뿐만 아니라 예언의 영으로서 성령이 임했습니다. 성령님은 시므온에게 은혜로운 약속을 주었습니다. 즉 그가 죽기 전에 메시아를 목격할 것이라고 했습니다. 즉 메시아이신 "주의 기름 부음 받은 자를 보기 전에는 죽음을 보지 않으리라"는 약속입니다.

시므온은 "성령의" 인도로 성전에 들어간 것입니다. 시므온의 희망을 지원해 주던 바로 그 성령이 이제 그의 기쁨을 절정에 달하게 해줄 것입니다. 그의 귀에 성령의 속삭임이 있었습니다. "이제 곧 성전으로 가라. 오랫동안 기다리던 자를 보게 되리라." 이 성령님의 감동대로 시므온은 이 사실을 목격함으로써 충만한 기쁨을 누렸습니다. 그것은 시므온이 그 아기를 안은 것입니다. 시므온은 약속이 실현되어 자기의 팔로 그리스도를 안고 하나님을 찬송했습니다. "주여, 이제 주의 종을 평안히 놓아주옵소서"(눅 2:29-32).

이것은 이 세상에 대한 작별입니다. "이제 주의 종을 떠나게 하옵소서. 이제 나의 눈이 이 광경을 보는 축복을 받았사오니, 눈을 감게 하옵소서. 그리하여 이 세상의 것을 더 이상이 보지 않게 하옵소서."

시므온은 기쁨에 넘치는 전망으로 생에 대한 사랑과 죽음에 대한 공포를 초월하게 되었습니다. "주여, 당신의 종을 떠나게 하옵소서. 나의 눈이 죽기 전에 보리라고 약속된 그 구원을 보았기 때문이니이다."

시므온은 아기 예수에 대한 바른 신앙고백을 하였습니다. 시므온 자신의 품에 안긴 이 아기가 "구원자", 곧 "구원" 자체임을 고백했습니다. 예수 그리스도는 우리의 구세주요, 구원자이십니다.

예수님

> 그러므로 예수께서 저희에게 이르시되 내가 진실로 진실로 너희에게 이르노니 아들이 아버지의 하시는 일을 보지 않고는 아무것도 스스로 할 수 없나니 아버지께서 행하시는 그것을 아들도 그와 같이 행하느니라(요 5:19)

> 나는 내 아버지에게서 본 것을 말하고 너희는 너희 아비에게서 들은 것을 행하느니라(요 8:38)

> 조금 나아가사 얼굴을 땅에 대시고 엎드려 기도하여 가라사대 내 아버지여 만일 할 만하시거든 이 잔을 내게서 지나가게 하옵소서 그러나 나의 원대로 마옵시고 아버지의 원대로 하옵소서 하시고(마 26:39)

> 다시 두 번째 나아가 기도하여 가라사대 내 아버지여 만일 내가 마시지 않고

는 이 잔이 내게서 지나갈 수 없거든 아버지의 원대로 되기를 원하나이다 하시고(마 26:42)

아나니아
아나이아는 그리스도인이면서 다멕섹의 유대인들에게 칭찬을 받던 경건한 유대인이었습니다.

율법에 따라 경건한 사람으로 거기 사는 모든 유대인들에게 칭찬을 듣는 아나니아라 하는 이가 내게 와 곁에 서서 말하되 형제 사울아 다시 보라 하거늘 즉시 그를 쳐다보았노라 그가 또 이르되 우리 조상들의 하나님이 너를 택하여 너로 하여금 자기 뜻을 알게 하시며 그 의인을 보게 하시고 그 입에서 나오는 음성을 듣게 하셨으니 네가 그를 위하여 모든 사람 앞에서 네가 보고 들은 것에 증인이 되리라 이제는 왜 주저하느냐 일어나 주의 이름을 불러 세례를 받고 너의 죄를 씻으라 하더라(행 22:12-16)

5) 경건한 사람이 받는 축복은 무엇인가?

(1) 경건한 자는 하나님께서 시험에서 건지십니다

주께서 경건한 자는 시험에서 건지실 줄 아시고 불의한 자는 형벌 아래에 두어 심판 날까지 지키시며(벧후 2:9)

(2) 경건은 범사에 유익합니다

> 망령되고 허탄한 신화를 버리고 경건에 이르도록 네 자신을 연단하라 육체의 연단은 약간의 유익이 있으나 경건은 범사에 유익하니 금생과 내생에 약속이 있느니라(딤전 4:7-8)

바울은 경건은 많은 유익을 가져다준다고 하였습니다. 즉 경건한 사람들에게 주어진 약속은 금생뿐 아니라 특히 내생까지 관계되어 있는 것입니다. 다시 말하면 경건의 유익은 이 땅 위의 생활은 물론 오는 세상의 생활에도 도움이 되는 것입니다.

하나님께 봉사하는 우리의 모든 수고와 그에 따른 손실은 풍성하게 보상될 것입니다. 비록 그리스도를 위해서 우리가 손해 본다 할지라도, 풍성한 보상으로 말미암아 손해 보는 것이 되지 않는 것입니다. 그래서 하나님께 봉사하는 것으로 수고하고 어려움을 겪는 자들은 살아계신 하나님께 소망을 두게 됩니다. 믿는 자들에게 예비하신 구원은 그들의 모든 봉사와 고난을 보상하기에 충분합니다. 우리는 망령되고 허탄한 신화를 버리는 데 그칠 것이 아니라, 우리 자신을 경건에 이르도록 연습해야 합니다.

베드로 사도는 다가오는 종말의 때에 거룩한 행실과 경건함으로 하나님의 날이 임하시기를 바라보고 간절히 사모하라고 하였습니다.

> 이 모든 것이 이렇게 풀어지리니 너희가 어떠한 사람이 되어야 마땅하냐 거룩한 행실과 경건함으로 하나님의 날이 임하기를 바라보고 간절히 사모하라 그 날에 하늘이 불에 타서 풀어지고 물질이 뜨거운 불에 녹아지려니와 우리는 그의 약속대로 의가 있는 곳인 새 하늘과 새 땅을 바라보도다(벧후 3:11-13)

성경은 마지막 때에 경건치 않은 자가 있다고 하였습니다.

> 그들이 너희에게 말하기를 마지막 때에 자기의 경건하지 않은 정욕대로 행하며 조롱하는 자들이 있으리라 하였나니 이 사람들은 분열을 일으키는 자며 육에 속한 자며 성령이 없는 자니라(유 1:18-19)

마지막 때 경건치 않는 사람들은 정욕으로 행하며 하나님을 믿는 자와 성령으로 사는 사람들을 조롱합니다. 마지막 시대를 살아가는 우리는 경건한 생활로 하나님의 성품에 참여하여야 합니다. 그리고 이 세상에서 의롭고 거룩한 생활, 성령으로 충만하여 하나님 안에 속한 생활, 예수님의 재림을 사모하는 경건한 삶으로 이 세상과 하나님 나라에서 놀라운 축복을 누리며 살아야 합니다.

신의 성품에 참여하는 일곱 번째는
형제 우애입니다

경건에 형제 우애를 형제 우애에 사랑을 공급하라(벧후 1:7)

지금까지는 신의 성품에 참여하는 것이 주로 자신과 관련이 있었는데 일곱 번째부터는 자신보다는 형제에게 해야 할 것을 말씀합니다.

경건에 형제 우애를 형제 우애에 사랑을 공급하라(벧후 1:7)

그리스도인이 덕을 쌓고 지식을 얻으며, 절제와 인내와 경건을 연습하는 것은 곧 형제 우애와 이웃 사랑을 위한 것입니다.

1) 형제 사랑이란 무엇인가?

형제 사랑은 신약에만 나오는 말로서 헬라어 명사 '필라델피아'

(philadelphia)인데 이것은 원래는 육친의 형제애를 나타내는 말입니다.

그러나 성경에 나오는 "형제 사랑"은 육친의 형제애보다는 주로 함께 주 예수를 믿고, 새로 거듭남을 경험한 신자 간의 사랑을 가리키는 용어입니다.

예수님께서 무리들에게 말씀하실 때에 모친과 동생들이 예수님과 대화를 하려고 밖에 서 있었습니다. 이 모습을 본 한 사람이 예수님께 이야기하였습니다. "당신의 모친과 동생들이 당신께 말하려고 밖에 섰나이다." 이때 예수님께서 다음과 같이 말씀하셨습니다. "누가 내 어머니이며 내 동생들이냐 손을 내밀어 제자들을 가리켜 이르시되 나의 어머니와 나의 동생들을 보라 누구든지 하늘에 계신 내 아버지의 뜻대로 하는 자가 내 형제요 자매요 어머니이니라 하시더라"(마 12:48-50).

예수님께서는 형제의 정의를 "하늘에 계신 내 아버지의 뜻대로 하는 자가 형제요 자매"라고 하셨습니다. 사도 바울은 함께 동역하는 사람을 형제라고 하였습니다.

> 그러나 에바브로디도를 너희에게 보내는 것이 필요한 줄로 생각하노니 그는 나의 형제요 함께 수고하고 함께 군사된 자요 너희 사자로 나의 쓸 것을 돕는 자라 조가 너희 무리를 간절히 사모하고 자기 병든 것을 너희가 들은 줄을 알고 심히 근심한지라(빌 2:25-26)

형제 사랑은 성도가 그리스도의 속죄의 은총을 입고 그로 인한 사랑의 이끌림에 의해 생기는 힘차고 강렬한 사랑입니다.

2) 성경에 나오는 형제 사랑

(1) 주 안에 있는 형제를 사랑하라고 강하게 권면합니다

> 형제를 사랑하여 서로 우애하고 존경하기를 서로 먼저 하며(롬 12:10)

> 형제 사랑에 관하여는 너희에게 쓸 것이 없음은 너희가 친히 하나님의 가르치심을 받아 서로 사랑함이라(살전 4:9)

> 뭇 사람을 공경하며 형제를 사랑하며 하나님을 두려워하며 왕을 존대하라(벧전 2:17)

(2) 형제 사랑을 "진리를 순종함"에 의해서만 행할 수 있는 것이라고 말합니다

> 너희가 진리를 순종함으로 너희 영혼을 깨끗하게 하여 거짓이 없이 형제를 사랑하기에 이르렀으니 마음으로 뜨겁게 피차 사랑하라(벧전 1:22)

베드로는 진리에 순종함으로 거짓 없이 형제를 사랑하고 마음으로 뜨겁게 피차 사랑하라고 명하였습니다.

(3) 형제를 욕하면 심판을 받게 된다고 하셨습니다
예수님께서는 형제를 욕하면 심판을 받는 것을 말씀하시면서 원망

을 들을 만한 일이 있으면 먼저 가서 형제와 화목하라고 하셨습니다.

> 나는 너희에게 이르노니 형제에게 노하는 자마다 심판을 받게 되고 형제를 대하여 라가라 하는 자는 공회에 잡혀가게 되고 미련한 놈이라 하는 자는 지옥 불에 들어가게 되리라 그러므로 예물을 제단에 드리려다가 거기서 네 형제에게 원망들을 만한 일이 있는 것이 생각나거든 예물을 제단 앞에 두고 먼저 가서 형제와 화목하고 그 후에 와서 예물을 드리라(마 5:22-24)

(4) 형제간에 재판을 하지 말라고 하셨습니다

바울 사도는 형제간에 송사를 하지 말라고 하였습니다.

> 내가 너희를 부끄럽게 하려 하여 이 말을 하노니 너희 가운데 그 형제간의 일을 판단할 만한 지혜 있는 자가 이같이 하나도 없느냐 형제가 형제와 더불어 송사할 뿐더러 믿지 아니하는 자들 앞에서 하느냐 너희가 피차 고발 함으로 너희 가운데 이미 뚜렷한 허물이 있나니 차라리 불의를 당하는 것이 낫지 아니하며 차라리 속는 것이 낫지 아니하냐 너희는 불의를 행하고 속이는구나 그는 너희 형제로다(고전 6:5-8)

(5) 형제간에 비판과 판단을 하지 말라고 하셨습니다

예수님과 야고보 사도는 형제들이 서로 비방하고 판단하지 말라고 명하였습니다.

> 비판을 받지 아니하려거든 비판하지 말라 너희가 비판하는 그 비판으로 너희가 비판을 받을 것이요 너희가 헤아리는 그 헤아림으로 너희가 헤아림을

받을 것이니라 어찌하여 형제의 눈 속에 있는 티는 보고 네 눈 속에 있는 들보는 깨닫지 못하느냐보라 네 눈 속에 들보가 있는데 어찌하여 형제에게 말하기를 나로 네 눈 속에 있는 티를 빼게 하라 하겠느냐외식하는 자여 먼저 네 눈 속에서 들보를 빼어라 그 후에야 밝히 보고 형제의 눈 속에서 티를 빼리라(마 7:1-5)

형제들아 서로 비방하지 말라 형제를 비방하는 자나 형제를 판단하는 자는 곧 율법을 비방하고 율법을 판단하는 것이라 네가 만일 율법을 판단하면 율법의 준행자가 아니요 재판관이로다(약 4:11)

형제들아 서로 원망하지 말라 그리하여야 심판을 면하리라 보라 심판주가 문 밖에 서 계시니라(약 5:9)

(6) 형제 사랑하기를 계속하라고 하였습니다
히브리서에서는 신자의 의무로 이것이 주어져 있습니다.

> 형제 사랑하기를 계속하고(히 13:1)

형제 사랑을 멈추지 말고 계속하여야 합니다.

3) 왜 형제 사랑이 중요한가?

(1) 형제를 사랑하는 자는 빛 가운데 거하고, 형제를 미워하는 자는 어둠에 있기 때문입니다

> 빛 가운데 있다 하면서 그 형제를 미워하는 자는 지금까지 어둠에 있는 자요 그의 형제를 사랑하는 자는 빛 가운데 거하여 자기 속에 거리낌이 없으나 그의 형제를 미워하는 자는 어둠에 있고 또 어둠에 행하며 갈 곳을 알지 못하나니 이는 그 어둠이 그의 눈을 멀게 하였음이라(요일 2:9-11)

여기서 빛 가운데 있다는 것은 하나님 안에 있는 것이고, 어둠에 있다는 것은 악한 영의 영향 안에 있다는 것입니다. 하나님은 빛을, 마귀는 어두움을 상징합니다.

(2) 형제를 사랑치 아니하면 하나님께 속하지 않기 때문입니다

> 이러므로 하나님의 자녀들과 마귀의 자녀들이 나타나나니 무릇 의를 행치 아니하는 자나 또는 그 형제를 사랑치 아니하는 자는 하나님께 속하지 아니하니라 우리가 서로 사랑할지니 이는 너희가 처음부터 들은 소식이라 가인 같이 하지 말라 저는 악한 자에게 속하여 그 아우를 죽였으니 어찐 연고로 죽였느뇨 자기의 행위는 악하고 그 아우의 행위는 의로움이니라(요일 3:10-12)

우리는 가인처럼 형제를 미워하고 살인하지 말아야 합니다.

> 세월이 지난 후에 가인은 땅의 소산으로 제물을 삼아 여호와께 드렸고 아벨은 자기도 양의 첫 새끼와 그 기름으로 드렸더니 여호와께서 아벨과 그 제물은 열납하셨으나 가인과 그 제물은 열납하지 아니하신지라 가인이 심히 분하여 안색이 변하니 여호와께서 가인에게 이르시되 네가 분하여 함은 어찜이며 안색이 변함은 어찜이뇨 네가 선을 행하면 어찌 낯을 들지 못하겠느냐

선을 행치 아니하면 죄가 문에 엎드리느니라 죄의 소원은 네게 있으나 너는 죄를 다스릴지니라 가인이 그 아우 아벨에게 고하니라 그 후 그들이 들에 있을 때에 가인이 그 아우 아벨을 쳐죽이니라(창 4:3-8)

(3) 형제를 사랑하지 않으면 사망에 거하기 때문입니다

형제들아 세상이 너희를 미워하거든 이상히 여기지 말라 우리가 형제를 사랑으로 사망에서 옮겨 생명으로 들어간 줄을 알거니와 사랑치 아니하는 자는 사망에 거하느니라(요일 3:13-14)

(4) 형제를 미워하면 살인하는 자입니다

그 형제를 미워하는 자마다 살인하는 자니 살인하는 자마다 영생이 그 속에 거하지 아니하는 것을 너희가 아는 바라(요일 3:15)

존 샌드포드(John Sandford) 목사님은 이렇게 권면하였습니다(『엘리야의 임무』, p.160, 161, 순전한 나드).

어떤 이들이 우리에게로 와서 다른 사람에 대한 험담이나 안 좋은 이야기를 혹은 편견들을 늘어놓을 때 그들과 동참하지 않도록 조심해야 한다…우리의 생각은 우리 형제들을 파괴시키는 죄를 미워하며, 우리의 마음은 죄인을 사랑하며, 우리의 영은 주님의 짐을 져야 한다. 그럴 때 주님은 십자가를 통하여 그들을 죄 가운데서 자유케 하신다.

(5) 형제를 사랑치 아니하는 자는 하나님을 사랑할 수 없다고 하셨습니다

> 누구든지 하나님을 사랑하노라 하고 그 형제를 미워하면 이는 거짓말하는 자니 보는 바 그 형제를 사랑치 아니하는 자가 보지 못하는 바 하나님을 사랑할 수가 없느니라 우리가 이 계명을 주께 받았나니 하나님을 사랑하는 자는 또한 그 형제를 사랑할지니라(요일 4:20-21)

하나님을 사랑하는 자는 형제를 사랑한다고 하셨습니다. 그리고 사망에 이르지 아니한 죄를 범하는 형제를 보거든 구하라고 명하셨습니다.

> 누구든지 형제가 사망에 이르지 아니한 죄 범하는 것을 보거든 구하라 그러면 사망에 이르지 아니하는 범죄자들을 위하여 저에게 생명을 주시리라 사망에 이르는 죄가 있으니 이에 대하여 나는 구하라 하지 않노라(요일 5:16)

4) 성경에서 누가 형제를 사랑하였는가?

르우벤
요셉의 형인 루우벤은 요셉을 사랑하였습니다.

> 르우벤이 듣고 요셉을 그들의 손에서 구원하려 하여 가로되 우리가 그 생명은 상하지 말자 르우벤이 또 그들에게 이르되 피를 흘리지 말라 그를 광야 그 구덩이에 던지고 손을 그에게 대지 말라 하니 이는 그가 요셉을 그들의 손에

서 구원하여 그 아비에게로 돌리려 함이었더라(창 37:21-22)

야곱(이스라엘)이 아들 요셉에게 "가서 네 형들과 양 떼가 다 잘 있는 여부를 보고 내게 고하라"라고 명하였습니다. 요셉은 아버지의 심부름을 받아 형제들을 찾아갔는데 그의 형들이 요셉을 죽이려고 하였습니다. 그때 르우벤은 요셉을 그들의 손에서 구원하려고 하였습니다.

요셉
야곱의 열한 번째 아들인 요셉은 형제들이 그를 시기하여 죽여 없애려고 하였음에도 그의 형제들을 진정으로 사랑하였습니다.

요셉이 아우를 인하여 마음이 타는듯 하므로 급히 울곳을 찾아 안방으로 들어가서 울고 얼굴을 씻고 나와서 그 정을 억제하고 음식을 차리라 하매 그들이 요셉에게 따로 하고 그 형제들에게 따로 하고 배식하는 애굽 사람에게도 따로 하니 애굽 사람은 히브리 사람과 같이 먹으면 부정을 입음이었더라 그들이 요셉의 앞에 앉되 그 장유의 차서대로 앉히운 바 되니 그들이 서로 이상히 여겼더라 요셉이 자기 식물로 그들에게 주되 베냐민에게는 다른 사람보다 오배나 주매 그들이 마시며 요셉과 함께 즐거워하였더라(창 43:30-34)

요셉이 시종하는 자들 앞에서 그 정을 억제하지 못하여 소리질러 모든 사람을 자기에게서 물러가라 하고 그 형제에게 자기를 알리니 때에 그와 함께 한 자가 없었더라 요셉이 방성대곡하니 애굽 사람에게 들리며 바로의 궁중에 들리더라 요셉이 그 형들에게 이르되 나는 요셉이라 내 아버지께서 아직 살아 계시니이까 형들이 그 앞에서 놀라서 능히 대답하지 못하는지라 요셉이 형들에게 이르되 내게로 가까이 오소서 그들이 가까이 가니 가로되 나는 당신들의 아우 요셉이니 당신들이 애굽에 판 자라 당신들이 나를 이 곳에 팔았으므로 근심하지 마소서 한탄하지 마소서 하나님이 생명을 구원하시려고 나를 당신들 앞서 보내셨나이다(창 45:1-5)

요셉이 그들에게 이르되 두려워 마소서 내가 하나님을 대신하리이까 당신들은 나를 해하려 하였으나 하나님은 그것을 선으로 바꾸사 오늘과 같이 만민의 생명을 구원하게 하시려 하셨나니 당신들은 두려워 마소서 내가 당신들과 당신들의 자녀를 기르리이다 하고 그들을 간곡한 말로 위로하였더라(창 50:19-21)

모세

모세가 구스 여인을 취한 것을 누이인 미리암이 비방하였을 때 하나님께서 미리암을 나병에 걸리게 하였습니다. 모세는 미리암을 치유하기 위해 하나님께 중보 기도를 하였습니다.

내 종 모세와는 그렇지 아니하니 그는 내 온 집에 충성함이라 그와는 내가 대면하여 명백히 말하고 은밀한 말로 하지 아니하며 그는 또 여호와의 형상을 보거늘 너희가 어찌하여 내 종 모세 비방하기를 두려워하지 아니하느냐 여호와께서 그들을 향하여 진노하시고 떠나시매 구름이 장막 위에서 떠나갔고 미리암은 나병에 걸려 눈과 같더라 아론이 미리암을 본즉 나병에 걸렸는지라 아론이 이에 모세에게 이르되 슬프도다 내 주여 우리가 어리석은 일을 하여 죄를 지었으나 청하건대 그 벌을 우리에게 돌리지 마소서 그가 살이 반이나 썩어 모태로부터 죽어서 나온 자 같이 되지 않게 하소서 모세가 여호와께

부르짖어 이르되 하나님이여 원하건대 그를 고쳐 주옵소서(민 12:7-13)

요나단

성경에서 형제 사랑을 보인 대표적인 사람은 사울 왕의 아들 요나단입니다. 요나단은 다윗을 사랑하여 생명을 구원하게 하였습니다.

> 다윗이 사울에게 말하기를 마치매 요나단의 마음이 다윗의 마음과 하나가 되어 요나단이 그를 자기 생명 같이 사랑하니라 그날에 사울은 다윗을 머무르게 하고 그의 아버지의 집으로 다시 돌아가기를 허락하지 아니하였고 요나단은 다윗을 자기 생명 같이 사랑하여 더불어 언약을 맺었으며 요나단이 자기가 입었던 겉옷을 벗어 다윗에게 주었고 자기의 군복과 칼과 활과 띠도 그리하였더라(삼상 18:1-4)

> 사울이 그의 아들 요나단과 그의 모든 신하에게 다윗을 죽이라 말하였더니 사울의 아들 요나단이 다윗을 심히 좋아하므로 그가 다윗에게 말하여 이르되 내 아버지 사울이 너를 죽이기를 꾀하시느니라 그러므로 이제 청하노니 아침에 조심하여 은밀한 곳에 숨어 있으라 내가 나가서 네가 있는 들에서 내 아버지 곁에 서서 네 일을 내 아버지와 말하다가 무엇을 보면 네게 알려 주리라 하고 요나단이 그의 아버지 사울에게 다윗을 칭찬하여 이르되 원하건대 왕은 신하 다윗에게 범죄하지 마옵소서 그는 왕께 득죄하지 아니하였고 그가 왕께 행한 일은 심히 선함이니이다(삼상 19:1-4)

예수님

예수님께서는 형제가 누구인지 정의를 하시고 형제를 끝까지 사랑하시고 죽기까지 사랑하셨습니다. 예수님의 형제들은 모든 성도로서 순종하는 신자들은 누구나 다 예수 그리스도의 가까운 혈족입니다. 예수님은 그들을 사랑하시되 끝까지 생명을 내어 주고 대속의 사랑을 하셨습니다.

> 누가 우리를 그리스도의 사랑에서 끊으리요 환난이나 곤고나 박해나 기근이나 적신이나 위험이나 칼이랴 기록된 바 우리가 종일 주를 위하여 죽임을 당하게 되며 도살 당할 양 같이 여김을 받았나이다 함과 같으니라 그러나 이 모든 일에 우리를 사랑하시는 이로 말미암아 우리가 넉넉히 이기느니라 내가 확신하노니 사망이나 생명이나 천사들이나 권세자들이나 현재 일이나 장래 일이나 능력이나 높음이나 깊음이나 다른 어떤 피조물이라도 우리를 우리 주 그리스도 예수 안에 있는 하나님의 사랑에서 끊을 수 없으리라(롬 8:35-39)

바울

바울에게는 믿음의 형제들이 많았습니다. 그는 그 형제들을 실족지 않으려고 노력하였습니다.

> 형제 아볼로에 대하여는 저더러 형제들과 함께 너희에게 가라고 내가 많이 권하되 지금은 갈 뜻이 일절 없으나 기회가 있으면 가리라(고전 16:12)

> 하나님의 뜻으로 말미암아 그리스도 예수의 사도 된 바울과 및 형제 디모데는 고린도에 있는 하나님의 교회와 또 온 아가야에 있는 모든 성도에게(고후 1:1)

내가 내 형제 디도를 만나지 못하므로 내 심령이 편치 못하여 저희를 작별하고 마게도냐로 갔노라(고후 2:13)

유대인들에게는 내가 유대인과 같이 된 것은 유대인들을 얻고자 함이요 율법 아래 있는 자들에게는 내가 율법 아래 있지 아니하나 율법 아래있는 자 같이 된 것은 율법 아래 있는 자들을 얻고자 함이요 율법 없는 자에게는 내가 하나님께는 율법 없는 자가 아니요 도리어 그리스도의 율법 아래 있는 자나 율법 없는 자와 같이 된 것은 율법 없는 자들을 얻고자 함이라 약한 자들에게는 내가 약한 자와 같이 된 것은 약한 자들을 얻고자 함이요 여러 사람에게 내가 여러 모양이 된 것은 아무쪼록 몇몇 사람들을 구원코자 함이니(고전 9:20-22)

그러므로 내 사랑하는 형제들아 견실하며 흔들리지 말며 항상 주의 일에 더욱 힘쓰는 자들이 되라 이는 너희 수고가 주 안에서 헛되지 않은 줄을 앎이라 (고전 15:58)

초대 그리도인들
초대교회 성도들은 형제 사랑의 모본을 보여 주었습니다.

저희가 사도의 가르침을 받아 서로 교제하며 떡을 떼며 기도하기를 전혀 힘쓰니라 사람마다 두려워하는데 사도들로 인하여 기사와 표적이 많이 나타나니 믿는 사람이 다 함께 있어 모든 물건을 서로 통용하고 또 재산과 소유를 팔아 각 사람의 필요를 따라 나눠 주고 날마다 마음을 같이 하여 성전에 모이기를 힘쓰고 집에서 떡을 떼며 기쁨과 순전한 마음으로 음식을 먹고 하나님을 찬미하며 또 온 백성에게 칭송을 받으니 주께서 구원받는 사람을 날마다 더하게 하시니라(행 2:42-47)

데살로니가 교회
데살로니가 교회는 형제 사랑이 풍성하였습니다.

형제들아 우리가 너희를 위하여 항상 하나님께 감사할찌니 이것이 당연함은 너희 믿음이 더욱 자라고 너희가 다 각기 서로 사랑함이 풍성함이며(살후 1:3)

5) 어떻게 형제 사랑을 실천하는가?

(1) 형제에게 원망들을 일이 생각나면 무엇보다 먼저 형제와 화목하는 것에 힘써야 합니다

나는 너희에게 이르노니 형제에게 노하는 자마다 심판을 받게 되고 형제를 대하여 라가라 하는 자는 공회에 잡혀가게 되고 미련한 놈이라 하는 자는 지옥 불에 들어가게 되리라 그러므로 예물을 제단에 드리려다가 거기서 네 형제에게 원망들을 만한 일이 있는 것이 생각나거든 예물을 제단 앞에 두고 먼저 가서 형제와 화목하고 그 후에 와서 예물을 드리라(마 5:22-24)

(2) 형제를 용서하는 것입니다

우리가 우리에게 죄지은 자를 사하여 준 것같이 우리 죄를 사하여 주옵시고 우리를 시험에 들게 하지 마옵시고 다만 악에서 구하옵소서 (나라와 권세와 영광이 아버지께 영원히 있사옵나이다 아멘) 너희가 사람의 과실을 용서하면 너희 천부께서도 너희 과실을 용서하시려니와 너희가 사람의 과실을 용서하지 아니하면 너희 아버지께서도 너희 과실을 용서하지 아니하시리라(마 6:12-15)

너희가 각각 마음으로부터 형제를 용서하지 아니하면 나의 하늘 아버지께서도 너희에게 이와 같이 하시리라(마 18:35)

(3) 형제를 위해 서로 짐을 지어 주고 중보 기도하는 것입니다

형제들아 사람이 만일 무슨 범죄한 일이 드러나거든 신령한 너희는 온유한 심령으로 그러한 자를 바로잡고 네 자신을 돌아보아 너도 시험을 받을까 두려워하라 너희가 짐을 서로 지라 그리하여 그리스도의 법을 성취하라(갈 6:1-2)

내가 그리스도 안에서 참말을 하고 거짓말을 아니하노라 내게 큰 근심이 있는 것과 마음에 그치지 않는 고통이 있는 것을 내 양심이 성령 안에서 나로 더불어 증거하노니 나의 형제 곧 골육의 친척을 위하여 내 자신이 저주를 받아 그리스도에게서 끊어질찌라도 원하는 바로라(롬 9:2-3)

형제들아 내 마음에 원하는 바와 하나님께 구하는 바는 이스라엘을 위함이니 곧 저희로 구원을 얻게 함이라(롬 10:1)

특별히 상처받고 힘든 형제들을 위로하고 중보 기도하여야 합니다.

(4) 가난한 형제를 도와주는 것입니다

네 형제의 우양의 길 잃은 것을 보거든 못 본체하지 말고 반드시 끌어다가 네 형제에게 돌릴 것이요 네 형제가 네게서 멀거나 네가 혹 그를 알지 못하거든 그 짐승을 네 집으로 끌고 와서 네 형제가 찾기까지 네게 두었다가 그에게 돌릴찌니 나귀라도 그리하고 의복이라도 그리하고 무릇 형제의 잃은 아무 것이든지 네가 얻거든 다 그리하고 못 본체하지 말 것이며 네 형제의 나귀나 소가 길에 넘어진 것을 보거든 못 본체하지 말고 너는 반드시 형제를 도와서 그것을 일으킬찌니라(신 22:1-4)

내 형제들아 만일 사람이 믿음이 있노라 하고 행함이 없으면 무슨 이익이 있으리요 그 믿음이 능히 자기를 구원하겠느냐 만일 형제나 자매가 헐벗고 일용할 양식이 없는데 너희 중에 누구든지 그에게 이르되 평안히 가라 더웁게 하라 하며 그 몸에 쓸 것을 주지 아니하면 무슨 이익이 있으리요 이와 같이 행함이 없는 믿음은 그 자체가 죽은 것이라(약 2:14-17)

누구든지 너희를 그리스도에게 속한 자라 하여 물 한 그릇을 주면 내가 진실로 너희에게 이르노니 저가 결단코 상을 잃지 않으리라(막 9:41)

성도들의 쓸 것을 공급하며 손 대접 하기를 힘쓰라(롬 12:13)

(5) 형제를 비판하지 말아야 합니다

> 형제들아 피차에 비방하지 말라 형제를 비방하는 자나 형제를 판단하는 자는 곧 율법을 비방하고 율법을 판단하는 것이라 네가 만일 율법을 판단하면 율법의 준행자가 아니요 재판자로다 입법자와 재판자는 오직 하나이시니 능히 구원하기도 하시며 멸하기도 하시느니라 너는 누구관대 이웃을 판단하느냐(약 4:11-12)

(6) 대접받고자 하는 대로 대접해야 합니다

> 그러므로 무엇이든지 남에게 대접을 받고자 하는 대로 너희도 남을 대접하라 이것이 율법이요 선지자니라(마 7:12)

> 형제 사랑하기를 계속하고 손님 대접하기를 잊지 말라 이로써 부지중에 천사들을 대접한 이들이 있었느니라(히 13:1-2)

(7) 범죄한 형제를 권고하고 바로잡아 주도록 하는 것입니다

> 네 형제가 죄를 범하거든 가서 너와 그 사람과만 상대하여 권고하라 만일 들으면 네가 네 형제를 얻은 것이요 만일 듣지 않거든 한두 사람을 데리고 가서 두세 증인의 입으로 말마다 확증하게 하라(마 18:15-16)

> 형제들아 사람이 만일 무슨 범죄한 일이 드러나거든 신령한 너희는 온유한 심령으로 그러한 자를 바로잡고 네 자신을 돌아보아 너도 시험을 받을까 두려워하라(갈 6:1)

예수님의 사랑을 받은 자로서 우리는 다른 형제를 사랑하는 것을 실천해야 합니다. 우리를 위하여 목숨까지 버리신 예수님의 사랑을 깨달을 때 우리도 형제 사랑을 실천할 수 있습니다.

> 그가 우리를 위하여 목숨을 버리셨으니 우리가 이로써 사랑을 알고 우리도 형제들을 위하여 목숨을 버리는 것이 마땅하니라 누가 이 세상 재물을 가지고 형제의 궁핍함을 보고도 도와 줄 마음을 막으면 하나님의 사랑이 어찌 그 속에 거할까 보냐 자녀들아 우리가 말과 혀로만 사랑하지 말고 오직 행함과 진실함으로 하자(요일 3:16-18)

우리는 동일한 하나님 아버지의 자녀요, 하나님의 동일한 가족의 권속들이며, 예수 그리스도를 구주로 믿는 성도들입니다. 그리고 동일한 하나님의 유업의 상속자들입니다. 그러므로 우리는 순전하고 온전한 마음으로 사랑을 나누어야 마땅한 사람들입니다. 특별히 초대교회 성도들처럼 형제 사랑을 실천하여 모본적인 그리스도인과 하나님의 성품에 참여하는 성도들이 되기를 소망합니다.

제8장 사랑

신의 성품에 참여하는 여덟 번째는
사랑입니다

경건에 형제 우애를 형제 우애에 사랑을 공급하라(벧후 1:7)

하나님과 주 예수님을 아는 자들은 신의 성품에 참여하는 사람들이 되어야 합니다. 베드로 사도는 신의 성품에 참여하기 위해 해야 할 것을 우리에게 알려주었습니다.

신의 성품에 참여하는 자들은 정욕을 인하여 세상에서 썩어질 것을 피하여야 합니다. 그리고 우리 주 예수 그리스도를 알기에 게으르지 말고 열매 맺는 자가 되어야 합니다. 이같이 하면 구주 예수 그리스도의 영원한 나라에 들어감을 넉넉히 주신다고 하였습니다. 그러므로 우리는 하나님의 부르심을 받은 자로서 신의 성품에 참여하는 열매를 맺어야 합니다. 신의 성품에 참여하는 것은 믿음에서 덕을 덕에 지식, 지식에 절제를, 절제에 인내를, 인내에 경건을, 경건에 형제 우애를, 형제 우애에 사랑을 더하는 것입니다.

1) 사랑의 원어 뜻은 무엇인가?

구약에서 사랑은 히브리어 '아하브'(אַהֲבָה, ahabah)로 예레미야 선지자의 말처럼 하나님의 사랑을 말합니다. "내가 무궁한 사랑으로 너를 사랑하고 있다"(렘 31:3). 또 구약에서 하나님의 인간에 대한 사랑은 먼저 출애굽의 사건에 의한 이스라엘 백성의 선택에 표명하는 것과 백성의 반역에도 불구하고 계속 그들에게 진실을 다하신 하나님의 긍휼하신 사랑입니다(호 2:16, 20).

> 여호와께서 이르시되 그날에 네가 나를 내 남편이라 일컫고 다시는 내 바알이라 일컫지 아니하리라(호 2:16)

> 진실함으로 네게 장가 들리니 네가 여호와를 알리라(호 2:20)

신약에서 사랑은 그리스어로 '아가페'(ἀγάπη, 아가페의 사랑)로, 아가페는 자기 부정적이고, 기꺼이 자기를 남에게 주는 사랑입니다(요일 3:16).

> 그가 우리를 위하여 목숨을 버리셨으니 우리가 이로써 사랑을 알고 우리도 형제들을 위하여 목숨을 버리는 것이 마땅하니라(요일 3:16)

아가페의 사랑을 보여 주는 것은 하나님께서 그 외아들 그리스도를 세상에 주신 일(요 3:16)과, 죄인인 인간을 위해 예수 그리스도께서 십자가에서 죽으신 일입니다(롬 5:8).

> 하나님이 세상을 이처럼 사랑하사 독생자를 주셨으니 이는 그를 믿는 자마다 멸망하지 않고 영생을 얻게 하려 하심이라(요 3:16)

> 우리가 아직 죄인 되었을 때에 그리스도께서 우리를 위하여 죽으심으로 하나님께서 우리에 대한 자기의 사랑을 확증하셨느니라(롬 5:8)

2) 하나님의 사랑이란 무엇인가?

(1) 사랑은 하나님의 속성입니다

> 하나님이 우리를 사랑하시는 사랑을 우리가 알고 믿었노니 하나님은 사랑이시라 사랑 안에 거하는 자는 하나님 안에 거하고 하나님도 그 안에 거하시느니라(요일 4:16)

사도 바울은 사랑을 설명하면서 성령의 최고의 은사라고 말합니다.

> 너희는 더욱 큰 은사를 사모하라 내가 또한 가장 좋은 길을 너희에게 보이리라 내가 사람의 방언과 천사의 말을 할지라도 사랑이 없으면 소리 나는 구리와 울리는 꽹과리가 되고 내가 예언하는 능력이 있어 모든 비밀과 모든 지식을 알고 또 산을 옮길 만한 모든 믿음이 있을지라도 사랑이 없으면 내가 아무 것도 아니요 내가 내게 있는 모든 것으로 구제하고 또 내 몸을 불사르게 내어 줄지라도 사랑이 없으면 내게 아무 유익이 없느니라 사랑은 오래 참고 사랑은 온유하며 시기하지 아니하며 사랑은 자랑하지 아니하며 교만하지 아니하며 무례히 행하지 아니하며 자기의 유익을 구하지 아니하며 성내지 아니하

며 악한 것을 생각하지 아니하며 불의를 기뻐하지 아니하며 진리와 함께 기뻐하고 모든 것을 참으며 모든 것을 믿으며 모든 것을 바라며 모든 것을 견디느니라 사랑은 언제까지나 떨어지지 아니하되 예언도 폐하고 방언도 그치고 지식도 폐하리라 우리가 부분적으로 알고 부분적으로 예언하니 온전한 것이 올 때에는 부분적으로 하던 것이 폐하리라 내가 어렸을 때에는 말하는 것이 어린 아이와 같고 깨닫는 것이 어린 아이와 같고 생각하는 것이 어린 아이와 같다가 장성한 사람이 되어서는 어린 아이의 일을 버렸노라 우리가 지금은 거울로 보는 것 같이 희미하나 그때에는 얼굴과 얼굴을 대하여 볼 것이요 지금은 내가 부분적으로 아나 그때에는 주께서 나를 아신 것 같이 내가 온전히 알리라 그런즉 믿음, 소망, 사랑 이 세 가지는 항상 있을 것인데 그중의 제일은 사랑이라(고전 12:31-13:13)

(2) 하나님께서 먼저 우리를 사랑하셨으며 예수 안에 있는 이 사랑을 끊을 수 없습니다

사랑은 여기 있으니 우리가 하나님을 사랑한 것이 아니요 오직 하나님이 우리를 사랑하사 우리 죄를 위하여 화목제로 그 아들을 보내셨음이니라 사랑하는 자들아 하나님이 이같이 우리를 사랑하셨은즉 우리도 서로 사랑하는 것이 마땅하도다(요 4:10-11)

하나님은 무궁한 사랑으로 끊임없이 우리를 사랑하고 계십니다.

그러나 이 모든 일에 우리를 사랑하시는 이로 말미암아 우리가 넉넉히 이기느니라 내가 확신하노니 사망이나 생명이나 천사들이나 권세자들이나 현재

일이나 장래 일이나 능력이나 높음이나 깊음이나 다른 아무 피조물이라도 우리를 우리 주 그리스도 예수 안에 있는 하나님의 사랑에서 끊을 수 없으리라(롬 8:37-39)

(3) 하나님은 우리를 사랑하셔서 자녀로 선택하시고 자유를 주셨습니다

하나님의 인간에 대한 사랑은 분명한 역사적 사실에 기초해 있습니다. 하나님께서 이스라엘 백성을 선택하고 애굽의 노예에서 해방하게 하신 것은 하나님의 사랑하심입니다(신 7:6-8).

너는 여호와 네 하나님의 성민이라 네 하나님 여호와께서 지상 만민 중에서 너를 자기 기업의 백성으로 택하셨나니 여호와께서 너희를 기뻐하시고 너희를 택하심은 너희가 다른 민족보다 수효가 많은 연고가 아니라 너희는 모든 민족 중에 가장 적으니라 여호와께서 다만 너희를 사랑하심을 인하여, 또는 너희 열조에게 하신 맹세를 지키려 하심을 인하여 자기의 권능의 손으로 너희를 인도하여 내시되 너희를 그 종 되었던 집에서 애굽 왕 바로의 손에서 속량하셨나니(신 7:6-8)

하나님께서 우리를 하나님의 백성으로 택해 주시고 악으로부터 자유케 하신 것은 하나님의 특별한 사랑입니다. 이방인인 우리를 선택하여 하나님을 아바 아버지로 부르게 하셨습니다.

너희는 다시 무서워하는 종의 영을 받지 아니하였고 양자의 영을 받았으므로 아바 아버지라 부르짖느니라(롬 8:15)

> 너희가 아들인 고로 하나님이 그 아들의 영을 우리 마음 가운데 보내사 아바 아버지라 부르게 하셨느니라(갈 4:6)

(4) 하나님의 사랑은 최고로 사랑하는 아들 독생자 예수를 인간에게 주신 것입니다

하나님의 가장 크신 사랑을 보여 주는 것은 하나님께서 그 외아들 그리스도를 우리 인간을 위해 세상으로 보내셔서 그를 믿는 자에게 영생을 얻게 하신 일입니다.

> 하나님이 세상을 이처럼 사랑하사 독생자를 주셨으니 이는 저를 믿는 자마다 멸망치 않고 영생을 얻게 하려 하심이니라(요 3:16)

우리가 아직 죄인 되었을 때 하나님의 아들 예수 그리스도께서 죽으심으로써 하나님의 사랑이 더욱 분명해졌습니다.

> 우리가 아직 죄인 되었을 때에 그리스도께서 우리를 위하여 죽으심으로 하나님께서 우리에게 대한 자기의 사랑을 확증하셨느니라(롬 5:8)

(5) 하나님의 사랑으로 인간의 많은 죄가 사함을 받았습니다

> 한 바리새인이 예수께 자기와 함께 잡수시기를 청하니 이에 바리새인의 집에 들어가 앉으셨을 때에 그 동네에 죄인인 한 여자가 있어 예수께서 바리새인의 집에 앉으셨음을 알고 향유 담은 옥합을 가지고 와서 예수의 뒤로 그 발

곁에 서서 울며 눈물로 그 발을 적시고 자기 머리털로 씻고 그 발에 입맞추고 향유를 부으니 예수를 청한 바리새인이 이것을 보고 마음에 이르되 이 사람이 만일 선지자더면 자기를 만지는 이 여자가 누구며 어떠한 자 곧 죄인인 줄을 알았으리라 하거늘 예수께서 대답하여 가라사대 시몬아 내가 네게 이를 말이 있다 하시니 저가 가로되 선생님 말씀하소서 가라사대 빚 주는 사람에게 빚진 자가 둘이 있어 하나는 오백 데나리온을 졌고 하나는 오십 데나리온을 졌는데 갚을 것이 없으므로 둘 다 탕감하여 주었으니 둘 중에 누가 저를 더 사랑하겠느냐 시몬이 대답하여 가로되 제 생각에는 많이 탕감함을 받은 자니이다 가라사대 네 판단이 옳다 하시고 여자를 돌아보시며 시몬에게 이르시되 이 여자를 보느냐 내가 네 집에 들어오매 너는 내게 발 씻을 물도 주지 아니하였으되 이 여자는 눈물로 내 발을 적시고 그 머리털로 씻었으며 너는 내게 입맞추지 아니하였으되 저는 내가 들어올 때로부터 내 발에 입맞추기를 그치지 아니하였으며 너는 내 머리에 감람유도 붓지 아니하였으되 저는 향유를 내 발에 부었느니라 이러므로 내가 네게 말하노니 저의 많은 죄가 사하여졌도다 이는 저의 사랑함이 많음이라 사함을 받은 일이 적은 자는 적게 사랑하느니라 이에 여자에게 이르시되 네 죄 사함을 얻었느니라 하시니 함께 앉은 자들이 속으로 말하되 이가 누구이기에 죄도 사하는가 하더라 예수께서 여자에게 이르시되 네 믿음이 너를 구원하였으니 평안히 가라 하시니라(눅 7:36-50)

예수님께서 한 죄인인 여인이 예수님에게 향유를 부었을 때 다음과 같이 말씀하셨습니다. "너는 내 머리에 감람유도 붓지 아니하였으되 저는 향유를 내 발에 부었느니라 이러므로 내가 네게 말하노니 저의 많은 죄가 사하여졌도다 이는 저의 사랑함이 많음이라 사함을 받은 일이 적은 자는 적게 사랑하느니라 이에 여자에게 이르시되 네 죄 사함을 얻었느니라"(눅 7:46~47).

예수님께서는 예수님을 가장 사랑하는 한 죄인인 여인의 많은 죄를 사하시고 많은 사랑을 주셨습니다. 우리가 여기서 기억할 것은 예수님의 말씀대로 많은 죄가 사함을 받으면 많이 사랑할 수밖에 없다는 것입니다. 하나님의 사랑을 기억하고 표현하는 것이 중요합니다.

(6) 하나님의 사랑은 우리 안에 하나님이 거하시는 것입니다

A. B. 심슨(A. B. Simpson)은, 하나님의 사랑을 다음과 같이 가르쳐 주었습니다(『생명이신 그리스도』, p. 63, 룻 선교회).

> 하나님의 사랑은 우리의 심령에서 흘러나올 것이다. 이것은 자연인의 사랑이 아니라 하나님의 사랑이다. 그리스도께서 우리 안에 계시면 그리스도를 향하신 하나님의 사랑을 느끼게 될 것이다. 우리 안에 있는 사랑은 우리의 사랑이 아니라 하나님의 사랑이다. 그러므로 우리는 주님 안에 주님만을 위한 사랑으로 모든 사람을 새로운 사랑과 우의로 대할 것이다.

하나님이 우리 안에 거하고 사시는 것은 놀랍고 신비로운 사랑이요, 은총입니다.

3) 하나님의 사랑을 받은 우리는 어떻게 해야 하는가?

(1) 하나님을 전심으로 사랑해야 합니다

모세는 마음과 성품과 힘을 다하여 전심으로 하나님을 사랑하라고 하였습니다.

> 너는 마음을 다하고 성품을 다하고 힘을 다하여 네 하나님 여호와를 사랑하라(신 6:5)

예수님은 한 율법사의 질문에 대한 대답으로 마음과 목숨 그리고 뜻을 다하여 하나님을 사랑하는 것이 첫째 계명이라고 하셨습니다.

> 예수께서 사두개인들로 대답할 수 없게 하셨다 함을 바리새인들이 듣고 모였는데 그중에 한 율법사가 예수를 시험하여 묻되 선생님이여 율법 중에 어느 계명이 크니이까 예수께서 가라사대 네 마음을 다하고 목숨을 다하고 뜻을 다하여 주 너의 하나님을 사랑하라 하셨으니 이것이 크고 첫째 되는 계명이요 둘째는 그와 같으니 네 이웃을 네 몸과 같이 사랑하라 하셨으니 이 두 계명이 온 율법과 선지자의 강령이니라(마 22:34-40)

하나님을 사랑하는 것은 주님의 계명을 지키는 것이며, 주님은 그의 계명을 지키는 자를 사랑하신다고 하셨습니다.

> 나의 계명을 지키는 자라야 나를 사랑하는 자니 나를 사랑하는 자는 내 아버지께 사랑을 받을 것이요 나도 그를 사랑하여 그에게 나를 나타내리라 가룟인 아닌 유다가 이르되 주여 어찌하여 자기를 우리에게는 나타내시고 세상에는 아니하려 하시나이까 예수께서 대답하여 이르시되 사람이 나를 사랑하면 내 말을 지키리니 내 아버지께서 그를 사랑하실 것이요 우리가 그에게 가

서 거처를 그와 함께 하리라(요 14:21-23)

(2) 이웃을 사랑해야 합니다

인간과 인간의 사랑은, 하나님의 사랑에 기초하여 이웃을 사랑하는 것입니다.

> 원수를 갚지 말며 동포를 원망하지 말며 이웃 사랑하기를 네 몸과 같이 하라 나는 여호와니라(레 19:18)

매튜 헨리 주석가는 '이웃 사랑'이란 악한 마음을 버리고 형제애를 실천하는 것이며 "이웃 사랑하기를 네 몸과 같이 하는 것"은 우리가 자신이 받고자 하는 대로 이웃에게 행하여 다른 사람의 입장에 서서 생각하는 것이라고 해석하였습니다.

> 우리는 모든 악한 마음을 버리고 형제애를 실천해야 할 것이다(레 19:18). 첫째, 아무에게도 불만을 품지 말아야 한다. 이웃 사랑하기를 네 몸과 같이 하라. 우리는 자신이 받고자 하는 대로 이웃에게 행해야 하며 다른 사람의 입장에 서서 생각할 수 있어야 한다.

예수님께서는 둘째 계명으로 "네 이웃을 네 자신같이 사랑하라"라고 하셨습니다.

> 둘째는 그와 같으니 네 이웃을 네 자신같이 사랑하라 하셨으니(마 22:39)

사도 요한은 그리스도께서 우리를 위하여 그의 생명까지도 버리심으로써 '형제를 위하여 목숨을 버리라'는 교훈을 주셨고 자신보다 이웃을 더 사랑하도록 가르치셨다고 밝혔습니다(요일 3:16).

(3) 하나님의 사랑을 받은 자로서 서로 사랑해야 합니다

> 사랑하는 자들아 우리가 서로 사랑하자 사랑은 하나님께 속한 것이니 사랑하는 자마다 하나님께로 나서 하나님을 알고 사랑하지 아니하는 자는 하나님을 알지 못하나니 이는 하나님은 사랑이심이라 하나님의 사랑이 우리에게 이렇게 나타난바 되었으니 하나님이 자기의 독생자를 세상에 보내심은 저로 말미암아 우리를 살리려 하심이니라 사랑은 여기 있으니 우리가 하나님을 사랑한 것이 아니요 오직 하나님이 우리를 사랑하사 우리 죄를 위하여 화목제로 그 아들을 보내셨음이니라 사랑하는 자들아 하나님이 이같이 우리를 사랑하셨은즉 우리도 서로 사랑하는 것이 마땅하도다(요일 4:7-11)

하나님의 말씀은 하나님의 백성에게 하나님의 사랑을 받은 자로서 서로 사랑하고 형제를 사랑해야 할 것을 명령하셨습니다.

(4) 상처를 준 사람을 용서해야 합니다
마크 버클러(Mark Virkler) 목사님이 그의 책에서 가르쳐준 것을 소개합니다(『하나님과 대화』, pp. 269-270, 브니엘).

> 내가 용서에 관해 가르쳐 달라고 간구하자 주님이 대답하셨다. "너는 모든 사람을 용서하라는 부르심을 받고 있단다. 네가 그렇게 하는 것은 쉽지 않을

수도 있지만 예수님은 모든 상처를 치유하셨단다. 그분은 위대한 치료자이시기 때문이란다. 상처 난 곳에 반창고나 붙이고 치유되기를 기대하지 마라. 오히려 상처 위에서 운행하시는 성령의 기운을 받아 안쪽에서부터 바깥쪽으로 완전히 치유되도록 해라. 내가 항상 너와 함께할 것이니 상처를 입을 때마다 네 감정을 내게 털어놔라. 그러면 내가 네게 성경 말씀을 제시할 것이며, 어떻게 반응해야 하는지 말할 뿐만 아니라 보여주겠노라. 다른 사람들을 사랑함으로써, 특히 네가 상처를 준 사람들을 사랑함으로써 네가 용서를 배울 수 있을 것이다. 수많은 사람이 은연중에 서로 상처를 주고받는다는 사실을 깨닫지 못하고 있단다.

너는 내 사랑의 본보기가 되어야 한단다. 그 사랑을 통해 너는 용서하는 법을 배울 것이고, 그러면 치유가 일어날 것이다. 모든 상처는 너로 하여금 지혜, 곧 내 지혜 가운데 자라도록 도와줄 것이다. 내가 너를 수없이 용서해 준 것처럼 너도 다른 사람들을 많이 용서해 줘야 한단다. 내 사랑이 용서의 열쇠란다. 그리스도는 사랑이요 용서란다. 오직 나만이 네 마음을 정결하게 만들 수 있단다. 오직 나만이 네 죄를 용서할 수 있단다. 나는 스스로 있는 자이기 때문이란다. 내 아들이 너를 위해 죽었기 때문에 그 피로 말미암아 네가 용서받을 뿐만 아니라 내 임재 가운데로 들어올 수 있단다. 나는 만유의 주란다.

내 용서의 표현이 되라고 너를 부르고 있단다. 누군가 네게 아무리 많은 상처를 입혔더라도 너는 내 사랑으로 그 사람을 사랑하고 용서해야 한단다. 내 아들은 네가 어떻게 느끼는지를 잘 알고 있단다. 네 모든 상처를 이미 경험했기 때문이란다. 내 아들은 네가 어떻게 반응해야 하는지에 관한 본을 이미 보여 주었단다. 사랑과 용서함으로 반응해라.

(5) 원수까지도 사랑해야 합니다

예수님께서는 사랑을 원수, 적대자에까지 확대하셨습니다.

> 그러나 너희 듣는 자에게 내가 이르노니 너희 원수를 사랑하며 너희를 미워하는 자를 선대하며(눅 6:27)

사도 바울은 핍박하는 자를 축복하고 악을 갚지 말고 선한 일을 도모하라고 하였습니다.

> 너희를 핍박하는 자를 축복하라 축복하고 저주하지 말라 즐거워하는 자들로 함께 즐거워하고 우는 자들로 함께 울라 서로 마음을 같이 하며 높은 데 마음을 두지 말고 도리어 낮은 데 처하며 스스로 지혜 있는체 말라 아무에게도 악으로 악을 갚지 말고 모든 사람 앞에서 선한 일을 도모하라 할 수 있거든 너희로서는 모든 사람으로 더불어 평화하라 내 사랑하는 자들아 너희가 친히 원수를 갚지 말고 진노하심에 맡기라 기록되었으되 원수 갚는 것이 내게 있으니 내가 갚으리라고 주께서 말씀하시니라 네 원수가 주리거든 먹이고 목마르거든 마시우라 그리함으로 네가 숯불을 그 머리에 쌓아 놓으리라(롬 12:14-20)

사도 바울은 원수를 갚는 것을 하나님께 맡기고 착한 일을 하라고 하였습니다.

존 & 폴라 샌드포드 부부는 "우리를 아프게 한 자들을 어떻게 축복할 수 있는가?"에 대하여 다음과 같은 지혜를 제시합니다(『용서를 선택하기』, 순전한 나드).

먼저 그들을 위해 기도함으로써 시작하라. 그들의 삶에 하나님의 뜻이 이뤄지고 하나님의 긍휼과 자비, 은혜가 그들과 함께 하기를 구하라. 그 다음, 말씀에 분명히 나타나 있는 훈계를 힘써 따르라:

▶교만과 자만은 치워버리고, 전에는 그리 존중하지 않았던 사람들과 기꺼이 교제하라. 그저 판단하지 않는 태도를 취하고 관계를 회복할 수 있는 입장이 되는 것만으로도 축복이 자연스럽게 풀어질 수 있는 환경을 창조한다. 이것은 "서로 마음을 같이 하며 높은 데 마음을 두지 말고 도리어 낮은 자들과 교제하고 스스로 지혜 있는 체 말라"(롬 12:16, NAS). 겟세마네 경험의 중요한 목적이다. 이 구절을 이렇게 옮길 수도 있다. "자신의 판단으로 스스로 의롭다(self-righteous) 하지 말라." 즉, 당신에게 죄를 범한 사람보다 당신이 더 의롭다 여기지 말라는 말이다.

▶당신의 원수가 도움이 필요할 때에 자비롭게 도와줄 수 있는 자가 되어라. 이때를 그를 격려하고 도움을 주는 기회로 삼으라. 행동은 말보다 더 크게 말한다. 친절은 오래 가로막고 있던 벽을 허물어트릴 수 있다.

하나님을 사랑하는 자는 자기의 형제와 그리스도에게 속한 자를 사랑합니다. 그리고 심지어 원수까지도 사랑합니다. 우리는 하나님의 사랑으로 말미암아 하나님의 자녀로 부름을 받고 선택을 받은 특별한 사랑을 받았습니다. 하나님의 사랑을 받은 우리는 하나님의 명령에 순종하고 변화된 삶으로 하나님의 사랑을 실천하며 살아야 합니다.

> 우리가 형제를 사랑함으로 사망에서 옮겨 생명으로 들어간 줄을 알거니와 사랑치 아니하는 자는 사망에 거하느니라 그 형제를 미워하는 자마다 살인하는 자니 살인하는 자마다 영생이 그 속에 거하지 아니하는 것을 너희가 아

는 바라(요일 3:14-15)

사랑하는 자들아 하나님이 이같이 우리를 사랑하셨은즉 우리도 서로 사랑하는 것이 마땅하도다 어느 때나 하나님을 본 사람이 없으되 만일 우리가 서로 사랑하면 하나님이 우리 안에 거하시고 그의 사랑이 우리 안에 온전히 이루느니라(요일 4:11-12)

성도들은 형제를 사랑하는 것과 함께 하나님을 사랑하는 데까지 끊임없이 성장해 가야 합니다. 형제를 사랑하는 인간적인 사랑에 모든 것을 조건 없이 사랑하는 신적인 사랑이 규합될 때 성도들은 진정한 하나님 나라의 백성이 됩니다.

너는 이것들을 명하고 가르치라 누구든지 네 연소함을 업신여기지 못하게 하고 오직 말과 행실과 사랑과 믿음과 정절에 있어서 믿는 자에게 본이 되어 내가 이를 때까지 읽는 것과 권하는 것과 가르치는 것에 전념하라 네 속에 있는 은사 곧 장로의 회에서 안수 받을 때에 예언을 통하여 받은 것을 가볍게 여기지 말며 이 모든 일에 전심전력하여 너의 성숙함을 모든 사람에게 나타나게 하라(딤전 4:11-15)

우리는 하나님과 그리고 이웃과 서로 사랑하고 심지어 원수까지도 사랑할 수 있다는 것을 잊지 말고 사랑을 실천하며 살아야 합니다.
형제 우애(필로스)는 인간관계의 사랑을 뜻합니다. 형제 우애보다 더한 사랑(아가페)은 하나님으로부터 오는 신적인 사랑입니다. 즉 인간을 대하는 하나님의 사랑과 하나님을 대하는 인간의 사랑이 함께 어우러

질 때 거룩한 사랑으로 승화되는 것입니다.

신의 성품인 믿음에서 사랑에 이르는 이 여덟 가지 미덕은 우리 주님께서 십자가의 도를 통하여 우리에게 보여 주신 것입니다. 십자가의 도는 위로는 하나님을 사랑하고 아래로는 형제를 사랑하는 것입니다.

우리는 "믿음에 덕을, 덕에 지식을, 지식에 절제를, 절제에 인내를, 인내에 경건을, 경건에 형제 우애를, 형제 우애에 사랑"으로 신의 성품의 여덟 가지에 참여하고 영적 성장과 함께 더 나아가 영적 성숙함으로 하나님께 더 영광을 돌려야 합니다.